AF125573

MICHAEL KÖHLMEIER
Von den Märchen

HAYMON

so oft aber ich nunmehr das
märchenbuch zur hand nehme,
rührt und bewegt es mich,
denn auf allen blättern steht vor
mir sein bild und ich erkenne
seine waltende spur.

JACOB GRIMM AM ENDE
DER REDE AUF SEINEN TOTEN
BRUDER WILHELM

1

Märchen sind die Primzahlen der Literatur, und mein erstes Märchen war *Herr Korbes*.

Dabei hat mir meine Großmutter die Geschichte nicht aus den *Kinder- und Hausmärchen* der Brüder Grimm vorgelesen, wir besaßen zwar, wie die meisten Haushalte, eine Ausgabe, sondern sie hat sie mir mit ihren eigenen Worten erzählt. Sie hielt sich dabei noch knapper als die Grimms; in der Sammlung ist es eines der kürzesten Märchen. Die Begebenheiten beunruhigen mich bis heute.

Hähnchen und Hühnchen spannen die Mäuschen vor den Wagen, sie wollen hinaus zu des Herrn Korbes seinem Haus. Unterwegs treffen sie auf die Katze, auch sie will zum Herrn Korbes. Dann steigt noch das Ei zu und die Ente und die Nähnadel und die Stecknadel und zum Schluss der Mühlstein. Herr Korbes ist nicht zu Hause. Hähnchen und Hühnchen verstecken den Wagen in der Scheune, die Katze verkriecht sich im Kamin, die Ente wartet in der Küche beim Wasserhahn, das Ei wickelt sich in das Handtuch, die Nähnadel schlüpft in das Sitzkissen, die Stecknadel ins Kopfkissen. Der Mühlstein aber wuchtet sich hinauf auf den Türstock. Endlich kommt Herr Korbes heim. Er möchte im Kamin Feuer machen, da wirft ihm die Katze Asche in die Augen. Er eilt in die Küche, um sich mit dem Handtuch abzuwischen, da spritzt ihm die Ente Wasser ins Gesicht, und das Ei zerbricht und verklebt ihm die Augen. Verwirrt setzt er sich auf den Stuhl, da sticht ihn die Nähnadel in den Hintern. Er weint und wirft sich aufs Bett, da sticht ihn die Stecknadel in den Kopf. Er läuft aus dem Haus, der Mühlstein fällt vom Türstock und schlägt den Mann tot.

Meine Großmutter schnitt weiter an ihren Fingernägeln oder fädelte weiter ihren Faden ein oder formte die Wolle, die ich zwischen meinen Händen straffte, zu einer Kugel, und das Totschlagen eines Mannes durch einen Mühlstein war ihr keines Kommentars wert – auf diese Weise sind mir Märchen erzählt worden: unaufgeregt, unbeteiligt, mit gleichgültiger Stimme, undramatisch, ohne jeden Versuch, meine Gefühle zu lenken, sei es durch Modulation oder Mimik oder Gestik. Meiner Großmutter kam gar nicht der Gedanke, ihre Geschichte zu deuten, also kam mir dieser Gedanke auch nicht. Manchmal sah sie mich bei ihrem letzten Wort an, und mir schien, als denke sie an etwas ganz anderes.

2

Wie gehen wir vor, wenn wir eine Sache deuten? Wir vergleichen sie mit einer anderen Sache. Wir stellen eine Beziehung her. So entsteht Sinn. Wir betten eine Sache in ein Netz von Beziehungen ein, in dessen Mitte – wie die Spinne – wir sitzen. Wir formulieren Fragen und beantworten sie. Eigentlich: Wir konstruieren eine Antwort, suchen dazu die entsprechende Frage und behaupten die umgekehrte Reihenfolge. Warum tun sich Dinge und Tiere zusammen, um einem Menschen zu schaden? Aber wir denken uns nicht willkürlich etwas aus; wir borgen – wir suchen nach ähnlichen Fällen und borgen uns von dort die Deutungen. Wir greifen zurück auf einen Katalog von Präzedenzfällen, den wir uns angelegt haben – »wir« meint die gesamte Kulturgeschichte. Wie anders sollen wir die systematische Misshandlung und Ermordung eines Mannes, über den wir gar nichts erfahren, deuten, als dass wir Informationen hinzufügen, auf die in keiner Weise aus der Geschichte geschlossen werden kann?

Irgendetwas muss in der Vergangenheit des Herrn Korbes passiert sein, was diesen Feldzug von Tieren und Dingen rechtfertigt. Vielleicht hat der Herr Korbes irgendwann Hühnchen und Hähnchen ein Leid angetan? Vielleicht hat er die Jungen der Katze ersäuft? Vielleicht hat er Nähnadel und Stecknadel verrosten oder deren Verwandtschaft liederlich irgendwo liegen lassen? Vielleicht ist der Herr Korbes ein Steinmetz, und der Mühlstein hat ihm nicht verziehen, dass er ihn einst aus einem Fels herausgehauen hat? Es lässt sich immer ein Motiv finden, warum jemand geschlagen werden soll.

So eine Vorgehensweise beruhigt uns – aber doch nur scheinbar. Wir zwingen der Geschichte eine Deutung auf, und wir wissen das. Das Märchen selbst bietet uns dafür keinen Anhaltspunkt. Märchen sind tautologisch, sie verweisen auf nichts anderes als auf sich selbst. Anders als in den großen Mythen der Griechen, in denen über ein Netz von Verwandtschaften eine Geschichte mit vielen anderen, eine Person mit vielen anderen verbunden ist, sind Hänsel und Gretel mit Dornröschen weder verwandt noch verschwägert, auch nicht über hundert Ecken hinweg. Hans im Glück kennt Hans mein Igel nicht; Schneewittchen ist Dornröschen nie begegnet, sie hätten einander nie begegnen können. Märchen sind stumm. Sie wehren sich weder gegen Missbrauch, noch bieten sie sich an, zu welchem Gebrauch auch immer.

Das alles meinte ich zu wissen, lange bevor ich die Begriffe kannte. Märchen stehen mit nichts in Beziehung, was mich umgibt; will ich in sie eintauchen, muss ich das Meine aufgeben und das Ihre annehmen, und manchmal ist das dem Märchen Eigene eine Teufelshaut, in die ein Mensch nicht hineinpasst. Ich habe mich nie mit einer Märchenfigur identifiziert, niemals. Dem Tom Sawyer und dem Huckleberry Finn wollte ich gleich sein, dem Froschkönig doch nicht und auch nicht dem rußigen Bruder des Teufels, der vom Gottseibeiuns nur Gutes zu berichten weiß; ich wollte nicht sein wie das Gevatterkind des Todes, aus dem ein berühmter Arzt wurde; und ich wollte nicht in die Welt hinausziehen, um das Fürchten zu lernen, und auch keinem der vielen Königssöhne oder einem Zauberer wollte ich gleichen. Der gestiefelte Kater gefiel mir, so einen hätte ich gern an meiner Seite gehabt, aber nicht einmal eine Fieberfantasie reichte hin, mir daraus einen Bilderbogen vorzustellen, der mein Leben illustrieren hätte können, mein wirkliches Leben in unserem Haus oder draußen auf der Straße, auch nicht in den Wäldern und Bergen um Hohenems herum, wo ich aufgewachsen bin, auch nicht im Herbstnebel unten am alten Rhein, wo die alten Weiden so grau schienen.

Ich betrachtete die Märchen und dachte über sie nach, wie ich den Blitz am Nachthimmel betrachtet und wie ich auf den Donner gelauscht habe und auf den Regen. Was gab es an diesen Erscheinungen zu begreifen – ich meine: Hatten sie Bedeutung? Hielten sie für etwas her, was sie nicht selbst waren? Ein Berg, wie er von der Natur hingestellt wurde, ist doch keine Metapher. Hätte ich ein Märchen *begreifen* können? Was bedeuteten Märchen? Waren die Figuren, die Geschehnisse, die Zaubereien metaphorisch zu verstehen? Sollte ich überhaupt versuchen, ein Märchen zu begreifen? – »Greif einen Schmetterling nicht an!«, hieß es, als ich ein Kind war. »Wenn die feine Staubschicht auf seinen Flügeln verletzt wird, stirbt er.«

Ich ahnte, es gibt nichts zu begreifen an einem Märchen. Nichts zu deuten. Die Deutungen erzählten mehr über den Deuter und seine Ansichten und Absichten als über seinen Gegenstand. Sehr früh hatte ich eine Nase dafür, wenn jemand mithilfe dieser stummen Schönheiten mir seinen Braten schmackhaft machen wollte.

3

Märchen hörten sich auch anders an als andere Erzählungen – zum Beispiel, wenn mein Vater von Karl
dem Großen berichtete oder den Wikingern oder den
Helden der Französischen Revolution – Robespierre,
Danton, Jean-Paul Marat, Desmoulins, Saint-Just, allein ihrer Namen wegen wollte ich schon sein wie die.
Ich konnte mir vorstellen, dass sie sich am Abend an
unseren Küchentisch setzen, dass sie das Wort an mich
richten, dass ich ihnen ein Brot schmiere und Brom-
beermarmelade darauf häufe und meine heiße Schokolade mit ihnen teile, dass sie die Erzählungen meines Vaters ergänzen und dass sie ihn beim Erzählen
ablösen, und mein Vater sitzt dabei und nickt stolz und
wissend. König Drosselbart würde das nicht tun; er
könnte es nicht; es führt kein Weg von seinem Schloss
zu unserem Haus.

Einmal hatte mein Vater versucht, mir ein Märchen zu erzählen, er hatte es meiner Mutter verspro-
chen, er war allein mit mir, meine Mutter war auf Kur,

meine Großmutter zusammen mit meiner Schwester in Coburg – er ist gescheitert. Es war ihm peinlich. Er hat gewartet, bis es dunkel wurde, es war Sommer und spät, aber der Mond hat geschienen, und ich sah, wie peinlich es ihm war. Gestammelt hat er und mittendrin abgebrochen. »Ich sehe, du bist zu müde ... das respektiere ich ... vielleicht erzähl ich dir besser morgen weiter ...«

Mein Vater erzählte ausschweifend und ungeniert aus der Historie, und es ist mir nie zu lange oder gar langweilig geworden. Er hat nichts lieber getan, er hat sich selbst die Geschichte verständlich gemacht, indem er sich zurück- und hineinversetzte in die Szenen, die er für neuralgisch hielt, immer wieder, bis er meinte, die Widersprüche einer fernen Zeit zu Widersprüchen in seiner und der Person seiner Zuhörer umgeformt zu haben, so dass er und sie nicht mehr nur Betrachter, sondern mithandelnde Subjekte waren, und sei es bei schwer zu begreifenden Ereignissen – wie dem Arianischen Streit im 4. Jahrhundert, in dem es darum ging, ob Jesus göttlich, gottähnlich oder geschöpflich/ menschlich sei; oder der »Magdeburger Hochzeit«, wie die Zerstörung der Stadt Magdeburg während des Dreißigjährigen Kriegs genannt wurde, bei der von den 35.000 Einwohnern gerade 450 überlebten; oder der Überführung Lenins in einem »plombierten«

Waggon von Zürich nach Russland auf Befehl Kaiser Wilhelms II., weil der lieber eine bolschewistische Revolution in Kauf nahm, als auch nur den kleinsten Vorteil seines Neffen dritten Grades, des Zaren Nikolaus II., zu dulden. Bis zur Erschöpfung hat mein Vater erzählt, seine Begeisterung für Geschichte ließ ihn Essen, Trinken, Anstand, alles vergessen, und nie hat er sich darum gekümmert, wie spät am Abend es war, und selbstverständlich auch nicht, ob sein sechsjähriger Sohn seinem Vortrag folgen konnte oder nicht. Er erzählte, als wäre er auf Armlänge *dabei gewesen*, als wäre er der fleischgewordene auktoriale Erzähler – als geschehe jetzt, in dem Augenblick des Erzählens, das Erzählte. Als erschaffe er erzählend die Historie. Er konnte frei Dialoge erfinden zwischen Talleyrand und Napoleon, zwischen Hitler und Schuschnigg, zwischen Antonius und Brutus, sogar zwischen Persönlichkeiten, die einander nie begegnet waren wie Shakespeares Richard III. und Josef Stalin. Er sah mir am helllichten Tag in die Augen und drohte mit dem Zeigefinger, als er den Bismarck spielte, wie er Kaiser Wilhelm II. in die Schranken wies – und ich war der Kaiser und schnitt das entsprechende Gesicht dazu, und er entschuldigte sich hinterher bei mir, weil er mir den schlechten Part zugeschoben hatte, er hielt Wilhelm II. für eine verachtenswerte Person.

Nie habe ich einen Mann souveräner durch die Geschichte schreiten sehen als meinen Vater, aber als er zum simplen »Es war einmal ...« anhob, musste er sich wegdrehen, so peinlich war ihm die Sache. Und obwohl das Mondlicht alles in ein gnädiges Schwarzweiß tauchte, fühlte ich, wie ihm das Blut in den Kopf stieg und er rot wurde. Nicht, weil er die Märchen für kindisch hielt oder eines vernünftigen Mannes für unwürdig, das glaube ich nicht, nein; er wusste ja, dass sich die klügsten Köpfe mit Märchen befasst hatten; das Wörterbuch der Brüder Grimm hielt er für eine der größten geistigen Leistungen deutscher Sprache, Goethes *Faust* ebenbürtig, wenn nicht gar überlegen; dass sich die Brüder – Jacob wenigstens nur in seiner Jugend, Wilhelm allerdings bis ans Ende seines Lebens – mit Märchen befasst hatten, was ja nur möglich ist, wenn man Märchen liebt, das war ihm nicht geheuer, das war meinem Vater schon fast körperlich unangenehm, er vermutete dahinter nicht etwas Dummes, sondern etwas Krankhaftes – er musste sich schon bei der ersten Wendung – *Es war einmal* – wegdrehen, als bestünde Gefahr, dass er mich über diese Worte ansteckt.

4

Ich ahnte ferner: Märchen sind nichts für Kinder. Eine solche Abwehr bringt ein Erwachsener nur auf, wenn die Sache ihn betrifft, ihn selbst, und mein Vater war für mich der Erwachsene schlechthin (wenn ich heute mit meinen achtundsechzig Jahren einen Zwanzigjährigen treffe, der einen ähnlichen Haaransatz hat, wie er einen gehabt hatte, einen vernünftigen, erwachsenen Haaransatz, der die Haare aussehen lässt, als strebten sie nach hinten, als strebte der ganze Mann voran – dann erinnere ich mich an meine Selbsteinschätzung als Kind: ein Faulpelz, ein Zauderer, ein Träumer, ein Es-war-einmal, einer, der nur im Schatten des Mondes glänzte).

Jacob Grimm hat später zugegeben: »Das Märchenbuch ist mir gar nicht für Kinder geschrieben, aber es kommt ihnen recht erwünscht und das freut mich sehr.« Aus der Biografie der Brüder schließe ich auf einen kleinen Zusatz: Es freute ihn sehr *für den Bruder Wilhelm*.

Der Wilhelm nämlich war es, der erfunden hat, was die *Gattung Grimm* genannt wird. – André Jolles hat diesen Begriff geprägt. In seinem 1930 erschienenen Buch *Einfache Formen* – für die Märchenforschung ein Standardwerk, auch wenn der Gattung darin nur ein Kapitel gewidmet ist – schreibt er: »Ein Märchen ist eine Erzählung oder eine Geschichte in der Art, wie sie die Gebrüder Grimm in ihren Kinder- und Hausmärchen zusammengestellt haben. Die Grimm'schen Märchen sind mit ihrem Erscheinen, nicht nur in Deutschland, sondern allerwärts, ein Maßstab bei der Beurteilung ähnlicher Erscheinungen geworden. Man pflegt ein literarisches Gebilde dann als Märchen anzuerkennen, wenn es – allgemein ausgedrückt – mehr oder weniger übereinstimmt mit dem, was in den Grimm'schen Kinder- und Hausmärchen zu finden ist.«

5

Jacob Grimm war zunächst nicht damit einverstanden, dass die Sammlung mit *Kinder- und Hausmärchen* (von nun an: KHM) betitelt werden sollte. Das war Wilhelms Vorschlag. Jacob legte sehr viel mehr Wert auf Nachworte und Vorworte und begleitende Untersuchungen und Betrachtungen und Theorien als auf den Text der Märchen; der Text war ihm Beispiel und Beleg für eine Idee. Die Idee war: Die Volksmärchen haben ihren »geheimnisvollen Ursprung in den Tiefen der Volksseele«. Der Volksseele nachzuspüren, die sich in der Sprache eines Volkes ausdrückte und nicht nur dort, sondern auch in seinen Bräuchen, seinen Liedern, seiner Art, Recht zu sprechen, das hatte sich Jacob Grimm zur Lebensaufgabe gemacht – und wurde dabei der Gründervater der Germanistik, der Sprachwissenschaft, der Volkskunde.

Jacob hat sich die Frage gestellt, wie entstehen Märchen, wie kamen sie zu uns, was ist ihr Urgrund; er hat nicht in die Märchen hineingegriffen, um sich

Brauchbares herauszuholen, mit dem man irgendwelche Weltanschauungen festigen könnte, die mit den Märchen eigentlich gar nichts zu tun haben. – Das muss heute gesagt werden, wo Esoterik und Ratgeber aller Art meinen, sich an Märchen vergreifen zu dürfen, Alternativ-Pillen in Papierform. »Kinder brauchen Märchen« – wenn ich das schon höre! In die Wahrheit übersetzt lautet diese Parole: »Pädagogen missbrauchen Märchen, um Kinder auf den Leim zu locken, den sie vor ihre eigenen Angelegenheiten geschmiert haben.« – Auch wenn sich Jacob für die Theorie mehr interessierte als für die Märchen selbst, hat er sie doch nicht als Argumente für Weltanschauung herangezogen. Er hat sie bestehen lassen in ihrer Rätselhaftigkeit und ihrer Geschlossenheit. Er hat sie nicht im Auftrag eines vermeintlich höheren Gutes gedeutet, um für dieses höhere Gut zu werben oder um es zu sanktionieren. Er hat sie auch nicht zu Gleichnissen erklärt und instrumentalisiert.

In dem freundschaftlichen Federstreit mit Achim von Arnim, der die Meinung vertrat, die Bedeutung der Volksdichtung liege einzig darin, dass sie »eine Art Erfindsamkeit anregt«, das heißt, dass sie Großmüttern, Müttern, aber auch Dichtern Rohstoff und Inspiration liefert, woraus dann Kunst entsteht, auf welchem Niveau auch immer, hielt Jacob dagegen:

»All meine Arbeit, das fühle ich, beruht darauf, zu lernen und zu zeigen, wie eine große epische Poesie über
die Erde hin gelebt und gewaltet hat, nach und nach
von den Menschen vergessen und vertan worden ist ...«
Vor dem Vergessen, einem endgültigen Vergessen, sollten diese erratischen Gebilde gerettet werden. Seiner
Meinung nach hatten sich Achim von Arnim und Clemens Brentano mit der Liedersammlung *Des Knaben
Wunderhorn*, für die er und Wilhelm Zulieferer gewesen waren, eigentlich etwas Unseriöses geleistet:
Sie hatten das vorgefundene Material lediglich zum
Weiterdichten verwendet, eben als Material – das heißt,
sie haben es gebraucht, und das heißt: missbraucht.
Jacob glaubte nicht, die Erzeugnisse der Volksseele
hätten es nötig, von Dichtern veredelt zu werden.

6

Der deutsche Mediävist und Volkskundler Hans Naumann entwickelte in den zwanziger Jahren des letzten
Jahrhunderts die *Theorie vom gesunkenen Kulturgut*,
der zufolge, verkürzt dargestellt, alle kulturellen Leistungen einer Gesellschaft von den Oberschichten aus-
gehen und im Laufe der Zeit nach unten sinken und
dort von den Menschen der sogenannten Unterschicht
auf ihre Bedürfnisse und gemäß ihren Fähigkeiten um-
gemodelt werden. So entstünden aus ehemals hehren
Mythen die Märchen, denen folglich geringerer Wert
zugeschrieben werden müsse, geringerer Erkenntnis-
wert, geringerer ästhetischer Wert, geringerer mora-
lischer Wert.

Naumann publizierte 1921 sein Buch *Primitive Ge-
meinschaftskultur. Beiträge zur Volkskunde und Mythologie*; darin breitete er seine Thesen zum ersten
Mal aus. Er widersprach der damals noch immer herr-
schenden, von Jacob Grimm vorgestellten Auffassung,
das Volk sei nicht nur in der Lage, eine eigenständige

Kultur zu entwickeln, sondern gebe gar die Impulse für sämtliche kulturellen Leistungen, liefere sozusagen die Rohfassung, die in den höheren Schichten lediglich Verfeinerung und Veredelung erfahre – also dass Kulturgut nicht absinke, sondern aufsteige. Naumann bezog sich auf Achim von Arnim; der hatte Jacob Grimm entgegengehalten, *Volksdichter* gebe es nicht, es gebe nur *Dichter*. Naumann gestand dem Volk im Erschaffen von Kultur durchaus eine gewisse Basisfunktion zu, mehr allerdings nicht – gespeist werde der Baum zwar von den Wurzeln, die Früchte aber trage die Krone. Das Volk müsse eben auch in kulturellen Dingen *geführt* werden. Das »absinkende Kulturgut« erreiche übrigens zuletzt die Kinder. Weshalb Kinder ja auch die ersten Adressaten der Märchen seien.

7

Den Anstoß, Märchen zu sammeln, gab Brentano; er trug sich mit dem Gedanken, der Liedersammlung eine Märchensammlung folgen zu lassen, und bat die Grimms, ihm Material zu schicken. Was sie verlässlich taten. Der Freund aber konnte oder wollte damit dann doch nichts anfangen, er verschluderte sie, antwortete gar nicht darauf.

Immerhin hatten die Brüder Feuer gefangen. In der ersten Phase der Arbeit war noch Jacob federführend, seine Beiträge, darunter nicht nur theoretische Aufsätze, sondern auch Märchentexte – sie datieren zwischen 1812 und 1816 –, veröffentlichte er durchwegs in spezifisch wissenschaftlichen Periodika und Almanachen. Bei den Texten findet sich zum Beispiel eine erste Fassung des später *Der Hund und der Sperling* genannten Märchens. Den theoretischen Teil unterzeichnete er mit seinem Namen, unter das Märchen schrieb er »Aus mündlicher Erzählung«.

Auf eine in mehrfacher Hinsicht interessante Sache macht Heinz Rölleke, bester Grimm-Kenner, in seinem Vorwort zu den erst spät entdeckten Ur-Märchen der Brüder aufmerksam. Jacob hatte eine Geschichte aus dem *Pentameron* des neapolitanischen Märchensammlers und Dichters Giambattista Basile durchaus frei bearbeitet, im Inhaltsverzeichnis der Zeitschrift war unter dem Titel aber lediglich zu lesen »eingesandt v. Grimm«. Welcher Grimm das war, brauchte der Leser nicht zu wissen, die Brüder empfanden sich – ihr Leben lang! – als eine Einheit. Zum anderen wundern wir uns, dass Basile und seine Sammlung nicht genannt ist. Das *Pentameron* gab es damals noch nicht auf Deutsch. Es war für die Grimms ein Abenteuer, auch ein finanzielles, eine Ausgabe zu bekommen. In Rekordzeit soll Jacob Italienisch gelernt haben, nur um die Texte zu übersetzen. Brentano besaß übrigens ein Exemplar, sein Vater stammte aus Italien, er war ein Spross der Familie Brentano di Tremezzo, aber er borgte es nicht her, da konnten ihn die Brüder noch so flehentlich bitten. Für Jacob kam diese Abweisung einem Freundschaftsbruch gleich. Bei Büchern hörte für ihn der Spaß auf. Von nun an ging er zu Brentano auf Distanz.

Und noch etwas ist interessant. Die Brüder, besonders Jacob, legten stets großen Wert darauf, dass sie nur Volksmärchen sammelten, keine Kunstmärchen, also keine Geschichten wie das antike Märchen *Amor und Psyche* des römischen Dichters Apuleius oder Märchen, wie sie Wieland in seiner Sammlung *Dschinnistan* veröffentlicht, oder wie der Freund und Zeitgenosse Novalis in *Die Lehrlinge zu Sais* eines erfunden hatte. Dass Jacob hier seine Quelle verschwiegen und den Namen des Neapolitaners Basile nicht genannt hat, war unschön, besonders deshalb, weil er sicher sein konnte, dass den Namen – außer Brentano – niemand kannte; dass er das Märchen aus dem *Pentameron* aber wie ein Volksmärchen behandelte, dafür hätte er sich gerechtfertigt. Er war ja überzeugt, auch Basile hatte gesammelt und nicht gedichtet; er, Jacob, reichte nur weiter.

Als gut zwanzig Jahre später der Leipziger Verleger Wigand den Konkurrenten Ludwig Bechstein mit einer Auswahl der Grimm'schen Märchen beauftragen wollte, erinnerte sich Jacob nicht mehr an seine eigene jugendliche Laschheit in Sachen Urheberschaft, er teilte die Empörung seines Bruders Wilhelm, als der ihm schrieb: »Er (Wigand) meinte, diese Märchen seien ein Gemeingut und nicht unser ausschließliches Eigentum.« Sie behaupteten vor dem Verleger entschieden ihr Eigentumsrecht auf diese »mühsam und in langer Zeit zu Stand gebrachte Sammlung«.

8

Ich zweifle nicht, dass Jacob Grimm Schillers Essay *Über naive und sentimentalische Dichtung* bis ins Kleinste studiert hat; in seiner berühmten *Rede auf Schiller* sprach er davon, dass in »dieser schönen Abhandlung« bereits die Unterscheidung zwischen »klassischer und romantischer Poesie steckte«; er weist darauf hin, dass Schiller sich von Kant habe anregen lassen, dass aber die Ergebnisse seines Denkens weiter gingen, »als der Königsberger Weltweise vordringen konnte«. Ja, ich denke, Jacob wird sich durch die Lektüre von Schillers Essay bestätigt gefühlt haben. Über den naiven Dichter, von dem vielleicht niemand irgendetwas weiß – Homer diente ihm als Vorbild –, schreibt Schiller: »Wie die Gottheit hinter dem Weltgebäude, so steht er hinter seinem Werk, und das Werk ist er; man muss des ersten schon nicht wert oder nicht mächtig oder schon satt sein, um nach ihm nur zu fragen.« Anders der als sentimentalisch bezeichnete Schriftsteller: »Dieser reflektiert über den Eindruck, den die Gegenstände auf ihn machen, und nur auf jene Reflexion ist die Rührung gegründet, in die er selbst versetzt wird und uns versetzt. Der Gegenstand wird hier auf eine Idee bezogen, und nur auf dieser Beziehung beruht seine dichterische Kraft.«

Schiller hat mit seinem Essay eine Wunde gerissen. In mein Herz. Und in meinen Verstand. Ich habe ihn gelesen, da war ich zwanzig; ich ging durch die Welt, trug in meiner Brusttasche Notizbuch und Bleistift, die beiden waren mir heilige Gegenstände – ich war ein Naiver, der per definitionem nicht wusste, dass er einer war. Ich möchte jeden angehenden Schriftsteller davor warnen, dieses schmale Wunderding zu lesen. Es ist ein Wunderding an Geistesschärfe, allerdings. Aber es pflanzt dem Dichter und Schriftsteller einen doppelten Minderwertigkeitskomplex ein. Einmal führen uns die Gedanken des großen Schiller vor, dass wir selbst ziemliche Tölpel sind ... nein, ich habe kein Recht zu verallgemeinern: Mir führten (und führen) seine Gedanken vor, dass ich ein Tölpel bin. Wie, dachte ich, soll ich jemals ein Schriftsteller werden, wenn ich nicht ein ähnliches Niveau an rationalem Denken vorweisen kann? Schriftstellerei beginnt dort, wo die Philosophen kapitulieren? Wenn Kant ein »Weltweiser« ist, wie soll dann ein Schriftsteller bezeichnet werden, der über dessen Radius vordringt? Ich hatte vier Anläufe nehmen müssen, um in der *Kritik der reinen Vernunft* bis Seite 100 vorzudringen. Andererseits, wie sollte ich ein Dichter werden, einer, der aus reinem Gemüt Poesie erschafft, ein Naiver, wenn ja gerade der eben noch geforderte rationale Geist mit seinen tausend Wenn und Aber genau diese Ambition als Illusion entlarvt und sogar der Lächerlichkeit preisgibt? Ein Naiver ist doch einer, dem es an der Fähigkeit zu abstrahieren mangelt. Der Dichter-Schriftsteller ist ein hölzernes Eisen! Was bleibt mir anderes übrig, dachte ich, als in jeder Beziehung so zu tun *als ob*. Ich muss so tun, *als ob* ich ein naiver Dichter, und muss so tun, *als ob* ich ein sentimentalischer Schriftsteller wäre.

Ich erzähle eine Geschichte, und während ich erzähle, beobachte ich die Zuhörer, ich registriere Spannung bei dieser Stelle und Unaufmerksamkeit bei einer anderen; und noch während ich erzähle, analysiere ich, suche nach dem Kern der Spannung, die ich »naiv«, also ohne Berechnung, erzeugt habe, auf dass ich mir den Wortlaut einpräge und den Effekt beim nächsten Mal wiederhole, ihn vielleicht noch steigere; frage mich weiter, warum die Zuhörer bei der anderen Stelle, die ich doch für besonders gelungen hielt, unaufmerksam waren – und so weiter ... Zugleich aber erzähle ich. Und zu erzählen ist kein rationaler Akt. Der Erzähler muss sich selbst ebenso zum Staunen bringen wie den Zuhörer, er muss sich selbst bezaubern, er muss sich selbst fesseln. Er muss selbst Zuhörer sein. So gesehen ist Erzählen eine Art Geisteskrankheit.

Was Schiller in seinem Essay nicht ausgesprochen hat – was aber meine Befürchtung war und ist: Es gibt und gab nie den naiven und den sentimentalischen Dichter; der Dichter musste immer beides in einem und zur gleichen Zeit sein. Vorbild Homer hin oder her – ein so raffiniert gebautes Epos wie die Odyssee lässt nicht auf einen rein naiven Urheber schließen. Die Homer-Forschung des neunzehnten und des halben 20. Jahrhunderts klammerte sich an Schillers Aufsatz; der Homer der Odyssee war den Philologen zu raffiniert, zu wenig naiv, sie unterschieden ihn von dem »wahren Dichter« der Ilias; manche nannten die Geschichte des Odysseus gar ein Flickwerk ohne große Qualität; sie wussten den kunstvollen Bau aus Parallelhandlungen, Rückblicken und verschiedenen Erzählperspektiven nicht zu schätzen, erkannten nicht, dass in das Epos die erste Binnen-Ich-Erzählung der Weltliteratur eingebaut war, zugleich die erste Märchensammlung, wenn Odysseus bei den Phäaken die Abenteuer erzählt, die er nach der Zerstörung von Troja erlebt hatte – seine Begegnung mit den Sirenen, mit Skylla und Charybdis, mit dem einäugigen Riesen Polyphem, mit der Zauberin Kirke, sein Abstieg in die Unterwelt, sein Gespräch mit Achills Schatten; sie verstanden nicht die Ironie des Rhapsoden, der für das Seemannsgarn seines Protagonisten die Verantwortung nicht übernehmen wollte und ihn selbst erzählen ließ.

9

Das Märchen war für Jacob Grimm zuvorderst als volkskundliches Phänomen wertvoll, für sich genommen, so vermute ich, bewunderte er es, staunte er darüber, war es ihm aber fremd und seltsam, und er meinte, das sei auch gut so – wer weiß, vielleicht hat er sich auch weggedreht, wenn ihm sein Bruder ein Exemplar wie die düstere Geschichte *Van den Machandelboom* vorgelesen hat. Rätselhaftigkeit kann einen Menschen verlegen machen, ganz gleich, ob dieser Zauber, und das Rätsel ist immer ein Zauber, von einem Menschen ausgeht oder von einer Begebenheit.

Jacob wollte unverblümte, schroffe – »ehrliche« – Fassungen; Objekte der Wissenschaft, einer neuen Wissenschaft. Dass jemand die Geschichten auch als das nehmen könnte, was sie sind, eben Geschichten, die sich nicht darum scheren, welcher Gattung sie angehören – wie sich ja auch die meisten Zuhörer nicht darum scheren –, das war nicht beabsichtigt, aber durchaus angenehm und »recht erwünscht« – als eine Art willkommenes Kollateral-Nebenbei.

Ich weiß nicht, ob sich Schiller mit den Grimm'schen Märchen befasst hat, ich fürchte, er hat nicht; ein arroganter Mann auf der Spitze eines hohen Berges, wo neben ihm nur noch ein zweiter Zeitgenosse Platz hatte, beugt sich wahrscheinlich nicht nieder, um ein Ding zu begutachten, das im Diminutiv daherkommt – und wahrscheinlich hat auch Jacob mit seiner Meinung über Schillers historische Werke nicht hinter dem Berg gehalten, nämlich, dass ihnen die »innere Lebendigkeit« fehle, eine Kritik, die in Schillers Ohren wie ein Todesurteil geklungen haben musste. Schwamm drüber! Niemand hat je eine schönere und klügere Rede über Schiller gehalten als Jacob Grimm, allerdings erst fünfundfünfzig Jahre nach dessen Tod. Wenn es ein nach Ständen geordnetes Jenseits gibt – was ich durchaus für möglich halte –, werde ich, wenn man mich dort einlässt, das Dichterviertel aufsuchen, eine Ausgabe der *Kinder- und Hausmärchen* unter dem Arm (am besten die wunderschöne, in blauem Leinen gebundene, die im Deutschen Klassikerverlag erschienen ist, herausgegeben und kommentiert von Heinz Rölleke), und werde Schiller das Buch in die Hand legen. »Geben Sie Ihre Vorurteile auf, Sire! Lesen Sie das! Hier haben Sie Ihr Ideal!«

Die ersten Ausgaben floppten übrigens. Aber dann kreierte Wilhelm seinen unvergleichlichen Märchenton, der uns bis heute als der Märchenton schlechthin in den Ohren klingt. Wilhelm glaubte am Beginn seiner Bearbeitungen noch, dass die meisten Märchen im Mittelalter entstanden seien, dass der Höhepunkt der Erzähltradition um die Zeit Martin Luthers war. Aus diesem Grund hat er sich stilistisch an der Sprache der Lutherbibel orientiert. Schließlich hat er für die sogenannte »kleine Ausgabe« von 1825 die Geschichten noch sorgfältiger für Kinder formuliert (Wilhelm meinte immer, die Märchen seien für Kinder, und er wunderte sich, dass sich so viele Leser über Grausamkeit und Härte empörten, er hat sie dann aber doch »entschärft«); und so gewann die Sammlung der Brüder Grimm ihre Leser, und bis heute so viele, wie alle ihre zeitgenössischen Kollegen zusammengenommen nicht vorweisen können. Die *Kinder- und Hausmärchen* sind das Buch deutscher Herkunft mit der weltweit größten Auflage.

Ich vermute, Jacob Grimm dachte, nur naive Menschen können Märchen verstehen, sentimentalische erforschen sie, und er glaubte – wie Schiller – nicht, dass heute in unseren Breiten naive Menschen noch leben ... diese Zeit ist vorbei ... das war einmal ...

Die Primzahlen, so erklärte mir einmal ein Mathematiker, seien der Skandal der Mathematik, eben weil ihr Auftreten auf dem Zahlenstrahl bis heute als unberechenbar gelte; die *Riemann'sche Vermutung*, die eine Methode der Berechnung beinhalte, warte ja seit hundertfünfzig Jahren darauf, bewiesen zu werden. Am besten, man kümmere sich nicht allzu sehr um sie. Man wisse nicht genau, welche Fragen man an sie richten solle. »Als Schüler«, sagte er, »haben mich die Primzahlen fasziniert. Nur die ganz Großen und die Naiven beschäftigen sich damit. Mir sind sie ehrlich gestanden – peinlich.«

10

Ich war ein Märchenerzähler und hatte einen Zuhörer, Richard, den Bruder meines besten Freundes.
Er hörte mir zu, nur ihn hatte ich. Während mein
Freund und ich die Sonnentage draußen im Freien
verbrachten, als wären wir die Protagonisten einer
Geschichte, die der ganzen Welt erzählt wird, wie die
Geschichte von Tom Sawyer und Huckleberry Finn,
war ich an Regentagen und Wintertagen der Erzähler
seines Bruders. Ich war elf, Richard war acht. Das Haus
meiner Eltern war damals noch nicht fertig gebaut; wo
später über einer Garage die Terrasse ans Haus ange-
baut werden sollte, waren Bretter aufgeschichtet, die
beim Hausbau übrig geblieben waren; in einer über-
dachten Nische bauten wir uns ein Nest. Wir stellten
Gerümpel übereinander, deckten es mit einer alten
Zeltplane ab und legten den so entstandenen Hohl-
raum mit Matratzen, Kissen und alten Steppdecken
aus. Man konnte uns von draußen nicht sehen, und
hören konnte man uns auch nicht; wir saßen eng bei-

einander, ich sprach leise, flüsterte nahe an Richards Ohr.

Ich erzählte ihm auch die Geschichte vom Herrn Korbes, ahmte in der Art, wie ich erzählte, meine Groß-mutter nach – monoton, manchmal in einen Singsang übergehend.

Der titelgebende Held interessierte Richard nicht besonders, er war am Ende tot, erschlagen, weg. Der Mann hieß Korbes, er besaß ein Haus, mehr war über ihn nicht berichtet. Richard sah ihn aus den Augen der Tiere und der Dinge. Warum sollten die sich über einen Menschen, über das Menschsein, Gedanken ma-chen? Fragen wir uns, was eine Stecknadel denkt? Da sind uns doch die Gedanken Gottes näher! Nicht der kleinste Hinweis auf den Charakter des Herrn Korbes enthielt die Erzählung; ich wusste nicht, wie alt er war, wusste nichts über seine Herkunft, seine Familie. Mich interessierte der Mann. Ich machte mir ein Bild von ihm. Ich dachte ihn mir als einen großen, hageren Mann mit welligen, zurückgekämmten Haaren. Ich bil-dete mir ein, seine Ärmel seien zu kurz, er habe Hoch-wasserhosen an und braune Schuhe mit Kreppsohlen, die waren damals Mode. Ich hatte die menschliche Perspektive noch nicht aufgegeben. Ich konnte nicht. Richard dagegen gelang es spielend, sich in die Tiere und die Dinge hineinzuversetzen, und dass sich auch

zwischen diesen ein unüberbrückbarer Schlund auf-
tat, das kümmerte ihn nicht. Er blickte auf den Herrn
Korbes, wie einer von uns auf Besenstiel und Herrenfahrrad blickt, die er brauchen kann oder nicht brauchen kann. Machen wir uns Sorgen um die Familie des
Besenstiels oder die Freunde des Herrenfahrrads? Ich
machte mir Sorgen. Offensichtlich lebte Herr Korbes
allein; aber auch das war nur eine Annahme. Vielleicht
war er Witwer, und seine Kinder waren schon erwach-
sen und aus dem Haus. Und was für einen Beruf hatte
er? Hörte er gern Musik im Radio? Welche? Ich habe
versucht, mit Richard darüber zu sprechen. Er sah
mich an, als hätte ich nicht alle. Ein bisschen benei-
dete ich ihn darum, wie leicht er von einer Welt in die
andere wechseln konnte; ein bisschen graute mir vor
ihm.

»Wie geht es weiter?«, fragte er. »Wen haben sie
noch umgebracht?« Er wollte mehr Abenteuer hören
von Hähnchen und Hühnchen, von den Pferde-Mäuschen, der Katze, der Ente, dem Ei, der Stecknadel, der
Nähnadel und dem Mühlstein.

»Das Ei gehört nicht mehr dazu«, korrigierte ich.
»Es ist ja aufgeplatzt und hat dem Herrn Korbes die
Augen verklebt. Es ist tot.«

Ob ich es nicht so einrichten könne, dass es doch
noch lebt, fragte er.

Ich sagte: »Nein, das kann ich nicht. Es ist ja schon erzählt worden, dass es kaputt ist.«

»Aber es weiß ja nur ich«, sagte Richard.

»Deswegen ist es trotzdem kaputt«, sagte ich.

»Können wir nicht so tun, als ob es nicht kaputt ist?«

»Kaputt ist kaputt«, sagte ich. »Wenn ein Ei einmal zerbrochen ist, rinnt es aus, und das, was ausrinnt, das kriegst du nicht mehr hinein.«

Ich wusste schon, was er sich wünschte. Er wünschte sich, dass die Dinge und die Tiere eine Bande sind und dass die Bande Abenteuer erlebt und dass es immer so weitergeht, eine Geschichte mit beliebig vielen Fortsetzungen und immer den gleichen Hauptfiguren, die immer Böses tun und immer gewinnen. Aber erstens ging das jetzt nicht mehr, nachdem das Ei gestorben war – es hat sich selbst zerstört, um dem Herrn Korbes zu schaden, ein Selbstmordattentäter –, zweitens wollte ich das nicht, denn mir war während unseres Gesprächs eine Idee gekommen: die Idee zu einem Märchenkranz.

»Kann es überhaupt nicht weitergehen?«, fragte Richard. »Mir gefällt die Geschichte so gut. Mir wäre es sehr recht, wenn sie weitergeht.«

»Doch, doch, sie geht schon weiter«, sagte ich und redete, redete so vor mich hin und dachte dabei nach:

Einer aus der Bande war bereits tot, das Ei; in jeder folgenden Geschichte wollte ich einen weiteren sterben lassen. Eine böse Bande macht sich auf, Böses zu tun, ihr Ziel in jeder Folge ist, jemanden zu vernichten, und in jeder Folge opfert sich einer von ihnen, wie sich das Ei in der ersten Folge geopfert hatte. Der Märchenkranz ist geschlossen, wenn der Letzte aus der Bande stirbt. Ich überlegte sogar, uns beide, Richard und mich, am Ende in die Geschichte einzubauen; es hätte mich interessiert, wie er dann reagieren würde; ob er auf sich selbst auch schauen würde wie auf Besenstiel und Herrenfahrrad ...

Ich bot ihm einen Kompromiss an: »Das Ei ist tot«, sagte ich, »daran lässt sich nichts mehr ändern. Dafür aber schließt sich das Handtuch der Bande an.«

»Wollen das die anderen?«, fragte er.

»Ja, das wollen sie.«

»Woher weißt du das?«

Ich hätte ihm gern geantwortet, ich habe mit ihnen darüber gesprochen. Aber ich dachte, dann wird er misstrauisch. Fragt womöglich, wo ich sie getroffen habe und ob ich ihn das nächste Mal mitnehme.

Ich sagte: »Ich weiß es eben.«

»Aber was kann das Handtuch?«, bohrte er weiter.

Er meinte, ob das Handtuch auch jemanden um-
bringen könne, er meinte, am liebsten einen Menschen.

»Man kann mit einem Handtuch jemanden erwür-
gen«, sagte ich.

Das sah er ein. Er war einverstanden.

II

Ich hatte nicht vor, Richard meinen Plan zu verraten. (Ich sage es gern: Ich war ein durch und durch naiver, zugleich ein durch und durch sentimentalischer Dichter!) Ich bot ihm als Ersatz für das Ei das Handtuch an, um ihn in die Irre zu führen; er sollte glauben, von Geschichte zu Geschichte wächst die Bande an. Aber er war ein schlauer Kerl, er würde meine wahre Absicht bald erkannt haben. Dann würde er nicht mehr bangen, ob die Bande zugrunde geht oder nicht, er würde wissen, sie geht zugrunde; er wäre nur noch gespannt, wie es geschieht. In der zweiten Folge wollte ich ein Tier oder ein Ding sterben lassen, aber darauf achten, dass sein Tod nicht vorhersehbar erscheint, dass er wie zufällig passiert, so dass Richard noch nicht das Prinzip erkennen würde. Ab der dritten Folge sollte er das Prinzip ahnen, es sollte ihm als ein grauenvolles Omen dämmern, er sollte sich denken: »Es wird doch nicht etwa gar ...«

Danach wollte ich zwei, drei Tage mit dem Erzählen aussetzen. Ich wusste, er würde kommen und mich bitten, die Geschichte weiterzuspinnen. Ich würde eine Ausrede vorschieben, würde ihn zappeln lassen. Dass ich meiner Mutter helfen müsse, sie war behindert, ging auf Krücken, ich müsse einkaufen, Verwandtschaft habe sich angesagt, da gebe es viel vorzubereiten, ich müsse in mindestens fünf Geschäfte und so weiter, der eine Fleischhauer hatte die besten Würste, der andere den besten Rindsbraten, ein dritter den besten Speck, Sauerteigbrot musste ich bei dem Bäcker in der Schweizerstraße kaufen, Semmeln beim Bäcker in der Kaiserin-Elisabeth-Straße. Ich wusste, Richard würde sagen, er wolle mich begleiten, er würde gern alle Sachen tragen, wenn ich nur erzählte, er habe einen eigenen Rucksack, ich brauche mich um nichts zu kümmern. Ich würde barsch ablehnen, so dass er fürchtete, ich könnte auf einmal etwas gegen ihn haben und vielleicht überhaupt nicht mehr erzählen, nie mehr. Mit dieser Angst wollte ich ihn noch einen weiteren Tag allein lassen. Dann würde ich ihn von mir aus aufsuchen.

Ich habe eine gute Idee, wie es weitergeht, würde ich sagen. »Aber erst morgen. Ich weiß noch nicht, ob die Idee wirklich gut ist.«

Er sollte Hoffnung schöpfen und Hoffnung verwerfen und wieder Hoffnung schöpfen.

Der vierte Tote aus der Bande, so mein Plan, sollte der Mühlstein sein. Den wollte ich von Anfang an als Häuptling der Bande aufbauen. Richard, wenn er erst einmal die Struktur der Serie durchschaut hatte, würde damit rechnen, dass der Mühlstein als Letzter drankommt. Das wäre das Übliche, der Wichtigste stirbt am Schluss – oder gar nicht. Der Kapitän verlässt als Letzter das sinkende Schiff. Darauf läuft ein Schiffsuntergang hinaus. Aber das Übliche interessierte mich nicht. Der Tod des Mühlsteins würde Richard – wie auch die verbliebenen Mitglieder der Bande – in Verwirrung und Verzweiflung stürzen.

Richard hatte Mut und Freude daraus gewonnen, dass die Dinge und die Tiere böse waren, es hatte ihn beflügelt, dass sie den armen Herrn Korbes quälten und töteten, ohne dass ich einen Grund dafür angegeben hatte. Er hatte erkannt, die Dinge und die Tiere in dieser Geschichte sind böse um des Bösen willen. Und solcher Haltung der Welt gegenüber hatte er Unbesiegbarkeit, Stärke und Macht zugeordnet. Es bereitete ihm Freude, Unbesiegbaren, Starken und Mächtigen bei ihrem Vernichtungswerk zuzusehen. Dass nun der Kapo dieser Höllen-Super-Crew nicht als Letzter drankam oder vielleicht gar nicht drankam, sondern mitten in der Serie und wie nebenbei den Tod fand, das würde ihn verunsichern – und ihn mir ganz ausliefern. Er würde meinen, nun sei wieder alles möglich, und vor nichts fürchtete er sich mehr, aber auch nichts bereitete ihm mehr Zuhörerlust, als im Bodenlosen zu bangen.

Aber ich greife vor. Zunächst –

12

– die zweite Folge: Nach der Ermordung des Herrn Korbes streift die Bande über das Land und durch einen Wald und hinauf in die Berge. Die Katze klettert in ein Adlernest und raubt, während die Mutter Adler nach Nahrung sucht, ihre beiden Jungen. Die Mutter ist verzweifelt, als sie nach Hause zurückkehrt, sie zieht Kreise am Himmel, sucht ihre Kinder, hört sie rufen. Sie sieht weit unter sich die Bande, die sich gerade über ihre Kinder hermachen will. Sie stürzt nieder, ihre Flügel rauschen. Der Mühlstein, die Ente, das Handtuch, die Katze, Hähnchen und Hühnchen, die Pferde-Mäuschen, Stecknadel und Nähnadel beugen sich gerade über die Kleinen, um ihnen die Bäuchlein aufzureißen, da spürt die Nähnadel den wehenden Wind der Adlerflügel über sich, sie richtet sich auf, um zu sehen, was da los ist, und durchbohrt dabei das Herz der Adlermutter, die auf sie niederfährt. Die Adlermutter fällt über einen Felsen in den Tod.

»Und die Nähnadel?«, fragte Richard.

»Was ist mit der Nähnadel?«, fragte ich zurück.

»Die steckt doch in der Brust der Adlermutter.«

»Oje«, sagte ich und tat so, als wäre mir ein Missgeschick passiert.

»Was ist mit ihr?«, drängte er.

»Ja … was soll ich sagen«, stammelte ich. »Die bleibt dort stecken … in der Brust … von der Adlermutter.«

»Aber das geht doch nicht! Wie kommt sie wieder zurück zur Bande?«

»Ich fürchte, gar nicht.«

»Und was geschieht mit ihr?«

»Sie verrostet.«

»Wie … verrostet? In der toten Adlermutter?«

»Ja. Die tote Adlermutter verfault und wird von Würmern aufgefressen, und es regnet manchmal und schneit dann auch in den Bergen, und die Nähnadel verrostet.«

»Und stirbt?«

»Ja. Bei Nähnadeln heißt sterben verrosten.«

Er biss sich auf die Unterlippe. Er wusste, auch der Tod der Nähnadel ließ sich nicht rückgängig machen, ebenso wenig wie der Tod des Eis.

– die dritte Folge: Die Bande zieht weiter und kommt zu einem Bauernhof. Es ist Nacht. Sie sehen, in der Stube brennt Licht. Sie schauen durch das Fenster. – Hier habe ich von den Bremer Stadtmusikanten (KHM 37) geliehen, auch diese Geschichte kannte ich von den Erzählungen meiner Großmutter (die Grimms nennen in ihrem Anmerkungsband als Quelle eine von Philipp Melanchthons Schüler Georg Rollenhagen stammende Kriegslist-Geschichte). – Sie stellen sich also übereinander, unten der Mühlstein, auf ihm die Ente, auf ihr die Katze, dann Hühnchen und Hähnchen, dann das Handtuch, dann die Pferde-Mäuschen und oben drauf die Stecknadel, die seit dem Tod der Nähnadel immer nur weint.

»Was müssen wir tun, damit du endlich aufhörst zu weinen?«, fragte der Mühlstein.

»Ich weiß schon was«, sagte das Handtuch. »Wir müssen etwas tun, das so böse ist, dass andere noch mehr weinen als die Stecknadel.«

»Und weißt du, was das sein könnte?«, fragte die Ente.

»Was könnte das nur sein«, sagten Hähnchen und Hühnchen.

»Was könnte das nur sein«, sagten die Pferde-Mäuschen.

»Was könnte das nur sein«, sagte auch die Katze.

»Wer könnte denn noch trauriger sein als ich, die ich meine Freundin, die Nähnadel, verloren habe?«, fragte die Stecknadel.

»Die da«, sagte das Handtuch und zeigte auf die Familie, die in der beleuchteten Stube um den Tisch saß und Speck und Brot aß und Milch trank, Mutter, Vater, Bub und Mädchen. »Zünden wir ihnen den Stall und die Scheune an, dann verbrennen die Kühe und die Schweine und die Ochsen, und dann haben sie nichts mehr zu essen, keinen Schweinespeck, keine Milch, und wenn sie den Ochsen nicht vor den Pflug spannen können, dann können sie auch kein Getreide mehr ernten und kein Mehl mehr mahlen und kein Brot mehr backen.«

Sie machten sich auf zum Stall und zur Scheune, und der Mühlstein wetzte seinen Rücken am Gemäuer, dass die Funken nur so stoben, und da brannten der Stall und die Scheune, und Vater und Mutter und die Kinder kamen vom Haus herübergelaufen mit Wassereimern, um zu löschen, da rief das Handtuch: »Ich will ihnen obendrein noch das Haus anzünden, dann haben sie gar nichts mehr, dann kann unsere Stecknadel endlich wieder lachen.«

Das Handtuch tauchte sich selbst ins Feuer und flatterte im Wind hinüber zum Haus und warf sich aufs Dach, und das Haus brannte nieder, und mit ihm verbrannte das Handtuch.

»Das Handtuch stirbt also auch«, sagte Richard, und seine Stimme klang bitter und resigniert.

»Ja, das Handtuch stirbt auch«, bestätigte ich.

13

Die Puppenmaschine Olympia in E. T. A. Hoffmanns Erzählung *Der Sandmann* verkörpert das Grauen, das ein seelenloses Ding in uns auftreibt, wenn wir ihm zutrauen, dass es handelt: Weil wir nicht wissen, nach welcher Logik es handeln, warum es handeln, zu welchem Ende es handeln würde, wenn es handelte. Der Konjunktiv macht uns Angst. Er hat uns schon immer Angst gemacht. Er waltet über der Gattung Märchen – und waltet umso mächtiger, als er darin gar nicht vorkommt. Als wäre er dort der einzig denkbare Modus, und es bedürfte keines Merkmals, das ihn vom Indikativ, der *Wirklichkeitsform*, unterscheidet, weil es die Wirklichkeitsform gar nicht gibt. Darum sind alle Märchen in ihrem Kern Zaubermärchen – so verstehe ich den russischen Folklore-Forscher Vladimir Propp, wenn er am Beginn seines Werkes *Morphologie des Märchens* ankündigt, er werde zeigen, »dass Märchen mit größter Leichtigkeit ein und dieselbe Handlung Menschen, Gegenständen und Tieren zuordnen können«. Zauberei ist ja nichts anderes als Wirklichkeit werdender Konjunktiv.

Im Konjunktiv *ist* alles möglich, der Konjunktiv *macht* alles möglich, er ist die *Möglichkeitsform*. Wo aber alles möglich ist, ist auch alles unberechenbar.

Dass in den meisten Märchen ein strenger Schematismus herrscht, der das Personal und die Handlungsabläufe nicht nur berechenbar, sondern sogar zwanghaft ritualisiert erscheinen lässt, widerspricht dem nur auf den ersten Blick. Mithilfe der Erfahrungen aus unserer wirklichen Welt können wir nicht voraussehen, was geschehen wird, wenn die Hexe oder der Zauberer den Zauberstab schwingt oder dem Helden das Elixier einflößt. Ist die Verwandlung aber erst abgeschlossen und wir haben das Ergebnis vor uns – der Held oder die Heldin ist versteinert worden oder ist ein Tier geworden oder eine Blume –, dann werden wir auf denselben Zuschauerrang gesetzt, auf dem auch der Zauberer und die Hexe Platz genommen haben. Der Verzauberte aber kann auf seinen Zustand und seine Umgebung keinen Einfluss mehr nehmen; was mit ihm geschieht, was überhaupt geschieht, ist von innen nicht beeinflussbar, deshalb das starre Schema. Wir, die wir uns außerhalb des Geschehens befinden, sehen und können voraussehen, was geschieht und was geschehen wird – wir wissen ja um die Märchenmotive, und wir wissen, es sind gar nicht so viele, wie wir dachten, als wir erst wenige Märchen kannten; wir wissen, immer wieder wird von drei Brüdern erzählt, denen eine Aufgabe gestellt wird, die schließlich der jüngste, über den sich alle lustig gemacht haben, als Einziger löst; immer wieder wird ein Mädchen durch ein Haus geführt, in dem viele Zimmer sind, in die sie alle schauen darf, nur in eines nicht, in das sie dann aber doch schaut; immer wieder werden Prinzen oder Prinzessinnen in Tiere verwandelt und am Ende erlöst; immer wieder treten böse Stiefmütter auf, die den Kindern ihrer Vorgängerinnen schreckliches Leid antun, am Ende aber noch schrecklicher dafür büßen. Für uns, die wir auf den Zuschauerrängen außerhalb des Geschehens sitzen, ist das Geschehen innerhalb des Märchens berechenbar, als vermöchten wir in die Zukunft dieser Welt, der Märchenwelt, zu schauen. Für den Bewohner der Märchenwelt hingegen ist das Geschehen unberechenbar und unheimlich. Wir, die wir Märchen lesen oder erzählt bekommen, können abschätzen, *was* passieren wird, das ist schon wahr – aber wir wissen nicht, *warum* es geschieht. Im »wirklichen Leben« ist es umgekehrt: Wir wissen nicht, was passiert, aber wir vertrauen darauf, dass die Gesetze der Kausalität eingehalten werden; auch wenn wir manchmal nicht erkennen, warum dies oder jenes geschieht, warum dieser oder jener Mensch so handelt, wissen wir doch, dass Gründe vorliegen und dass diese Gründe prinzipiell erkannt werden können.

Wir, die wir das Märchen betrachten, die wir dem Erzähler zuhören, die wir vielleicht selbst erzählen, wir verhalten uns zu den Figuren in den Märchen wie Gott zu uns Menschen. Lesen wir dagegen einen Roman, so verhalten wir uns zu den Romanfiguren wie ein Mensch zu einem anderen Menschen. Wir identifizieren uns. Mit Märchenfiguren können wir uns nicht identifizieren. Deshalb stören uns Grausamkeiten im Märchen nicht oder nur wenig. Die Schlussszene von *Rumpelstilzchen* in einen Roman übertragen, wäre unerträglich: Der Held stampft vor Wut auf, so dass sein Bein bis zum Knie im Boden steckt, dann nimmt er sein anderes Bein und reißt sich selbst in der Mitte auseinander. Es wäre im Roman gar nicht nötig, das Blutbad zu schildern, der Romanleser würde es selbst imaginieren. Im Märchen amüsieren wir uns über diese Ikone des Jähzorns. Wenn in *Aschenputtel* Fersen abgehackt werden, braucht es keinen Arzt und kein schmerzlinderndes Medikament; wenn sich die Schwester in *Die sieben Raben* einen Finger abtrennt, weil sie das Knöchlein benötigt, um den Glasberg aufzuschließen, wird nicht weiter darauf eingegangen, sie hat keine Schmerzen, kein Blut fließt und die in Menschen rückverwandelten Brüder wundern sich nicht, dass ihr ein Finger fehlt.

Irgendwann hat Gott seinen Sohn in die Welt geschickt, damit er am eigenen Leib erfahre, was die Menschen erleiden; vielleicht wurde aus demselben Grund der Roman erfunden – damit Autor und Leser erfahren, welchem Leid die Figuren in der Literatur ausgesetzt sind ...

14

Damit etwas als berechenbar bezeichnet werden kann, muss es erstens in Bewegung sein, und sei die Bewegung nichts anderes als die Zeit – berechnen heißt ja, sich dessen versichern, was kommen *wird*; zweitens müssen Alternativen denkbar sein, sonst könnte ich ja nicht berechnen, ob dies oder jenes geschehen wird. All das aber trifft auf die Zauberwelt nicht zu – denken wir an *Dornröschen*, dort wird erzählt, dass die Zeit weggenommen worden ist. Im Zauber gibt es kein Leben mehr. Zauber heißt: verharren in der Möglichkeitsform. Ein Leben in der Möglichkeitsform ist aber kein Leben. Es ist die Verabsolutierung des Als-ob. Das Leben muss aus dieser Form erlöst werden, erst dann kann es zurückkehren in die Wirklichkeit – die übrigens profan ist und profan sein soll. Denn was kann ein Verzauberter sich sehnlicher wünschen als das Profane?

Jorinde wird von der Hexe in eine Nachtigall verwandelt (KHM 69), von nun an lebt sie im Konjunktiv – sie lebt, *als lebte sie*. Sie ist verwunschen und hofft auf

Erlösung. Die Erschaffung Olympias durch Professor Spalanzani in Hoffmanns Erzählung ist der Versuch, aus unbelebtem Material, aus einem Ding, aus Holz, einen Menschen zu konstruieren, der wenigstens so tun kann, *als ob er lebte.* Ovid erzählt in seinen *Metamorphosen* die Geschichte von dem Bildhauer Pygmalion, der eine Elfenbeinstatue schuf, die er Galatea nannte und in die er sich verliebte, und dass Venus, die Göttin der Liebe, aus dem toten Material, aus dem Ding, eine lebendige Frau werden ließ – also, dass sie die Frau aus dem Konjunktiv erlöste.

In der Übersetzung von Johann Heinrich Voss:

... die gegebenen Küsse
Fühlt die Errötende, hebt zu dem Lichte
   die leuchtenden Augen
Schüchtern empor und schaut
   mit dem Himmel zugleich den Geliebten.

Galatea und Pygmalion heiraten, sie wird schwanger, bringt einen Sohn zur Welt, sie nennen ihn Paphos und leben als Familie glücklich und zufrieden oder auch nicht, aber sie leben in der wunderbaren Profanität der Wirklichkeit, in der am Samstag mehr eingekauft werden muss als an einem Montag, weil am Sonntag nämlich die Geschäfte geschlossen haben und am Dienstag nicht. Erlösung bedeutet, berechenbar zu werden. Dass endlich das Grauen sich auflöst, welches eine konjunktivische Existenz bedeutet – ein Leben in der Möglichkeitsform, das ja kein Leben ist.

Die Stunden in unserem Nest waren für Richard und für mich konjunktivische Existenz; nein, für mich eigentlich nicht, ich war wie die Hexe auf dem Zaun, die Zaunreiterin – *hagazussa* lautet der althochdeutsche Begriff dafür, aus dem sich, so wird vermutet, das Wort *Hexe* gebildet hat: mit einem Bein drüber in der Märchenwelt, mit dem anderen herüben in der Wirklichkeit.

15

Im 19. Jahrhundert stellten einige Gelehrte die These auf, alle Götter- und Heroenmythen basieren auf Allegorien von Naturerscheinungen, die sich später über Erzählungen zu Typen und Charakteren differenzierten. Zeus, so spekulierten sie, stand am Anfang seiner Laufbahn nur für Gewitter, er war Blitz und Donner; dass er sich zu einem veritablen Liebhaber entwickeln würde, war noch nicht abzusehen. Die Alten konnten sich das Phänomen Gewitter nicht erklären, also personalisierten sie es – ein Gott zürnt, wenn es blitzt und donnert. Damit war Kausalität hergestellt. Die Welt war in Ordnung gebracht. In der finnischen Mythologie schlägt der Gott Ukko die Blitze, wenn er hinter sechzehn Rossen in seinem eisernen Wagen über den mit Feuersteinen gepflasterten Himmelsweg rast. Der germanische Gott Thor, der auch Donar genannt wird (wovon sich unser »Donner« ableitet), war ursprünglich ebenfalls nichts weiter als die Allegorie des Wetters; auch er hat es schließlich zu einer bemerkenswerten Mythologie geschafft. Das Gleiche trifft auf den phönizischen Gott Baal zu und seinen baltischen Kollegen Pērkons. Damit wäre das Phänomen Blitz und Donner geklärt. Als Nächstes vielleicht die quälende Frage: Was steckt hinter einem Vulkanausbruch? Antwort: Ein Gott betreibt im Inneren des Berges eine Schmiedewerkstatt. Bei den Griechen hieß der Gott Hephaistos, bei den Römern Vulcanus, bei den Hawaiianern ist es die Göttin Pele; es gibt sogar die Theorie, Jahwe, der eine Gott der Juden, sei ursprünglich die Personifikation eines Vulkans gewesen. Oder wenn es auf dem Meer stürmt und die Wellen hochschlagen – dann meldet sich in Griechenland der Gott Poseidon, und wahrscheinlich meint er es nicht gut mit uns. Wenn dagegen in Irland das Meer tobt, dann könnte Manannan mac Lir die Ursache dafür sein, dieser unberechenbare Heros, der ja vielleicht doch ein Gott ist, man weiß es nicht so genau; der in unterschiedlichen Gestalten den Menschen begegnet, einmal als blondgelockter Muskelmann, dann als Schmied, dann wieder als Gaukler. Was aber ist der Grund, warum Poseidon und die anderen Wettergötter wüten? Weil sie eifersüchtig sind? Auf wen? Weil ihnen zu wenig geopfert wurde? Weil sie betrogen wurden? Haben die Schmiede auf Erden von den Göttern der Schmiedekunst ihr Handwerk erlernt?

Wenn ja, wie war das? Auf alle diese Fragen und noch viel mehr gibt es Antworten, und aus den Antworten lässt sich ein Netz knüpfen, und dieses Netz nennt man Mythologie.

Manche Figuren schafften es nicht, sich über die bloße Allegorie hinauszuentwickeln. Zum Beispiel Thanatos, der Tod. Er hat keine Mythologie vorzuweisen, es gibt so gut wie keine Geschichten über ihn, vielleicht noch die Sisyphos-Sage, dort wird er in ein Fass gesperrt, aber das ist auch schon alles. Ausgerechnet der Tod, der in den Märchen so präsent ist, der oftmals eine plastische Eigenart, ja Charakter zeigt, ist im antiken Mythos eine blasse Randerscheinung. Der Gott Hermes trägt die Seelen der Verstorbenen zum Hades, er wird darum auch Psychopompos, der Seelengeleiter, genannt. Selbst Charon, der Fährmann über den Styx, ist kräftiger gezeichnet als der Tod ...

Wie auch immer: Ursache und Beginn aller Götter und Heroen seien die Allegorien.

Diese Richtung der Mythen-Deutung und Deutung ihrer Entstehung war insofern durch die Romantik beeinflusst, als sie es immerhin für lohnenswert erachtete, sich überhaupt mit solchen Phänomenen des Aberglaubens und der Volkspoesie auseinanderzusetzen, war aber schon beeindruckt von dem machtvollen Siegeszug der Naturwissenschaften und eigentlich verwurzelt im Gedankengut der Aufklärung. Die Mythen seien primitive Welterklärungsmodelle und nicht mehr. Mit dem Blitz kann ich nicht verhandeln, ebenso wenig mit dem Hagel, der mir die Ernte zerstört. Wenn ich mich vor ihnen fürchte, bete ich. Dazu aber müssen zuerst Götter herbeierzählt werden. Solche, die lenken. Solche, die eingreifen können. Denen ich wenigstens so viel Menschliches andichte, dass ich sie betend und opfernd bestechen kann.

Aber nicht nur Naturereignisse gaben (und geben) den Menschen Rätsel auf. Woher kommt der Hass? Was ist Schuld? Von einem sagenhaften König mit Namen Tantalos wird erzählt, der die Götter prüfen wollte, ob sie tatsächlich allwissend sind, und der seinen Sohn Pelops schlachtete und den Göttern als Speise vorsetzte, und dass die Götter den Knaben wieder erstehen ließen und zum Leben erweckten und dass dessen Söhne Atreus und Thyestes in ihrem gegenseitigen Hass so weit gingen, dass der eine dem anderen die Bäuche von dessen Kindern kochte und in seines Bruders Teller schöpfte. Von einem anderen König wird berichtet, Ödipus, der seinen Vater tötete und seine Mutter heiratete, ohne es zu wissen, ein unschuldig Schuldiger. Oder die sexuelle Gier – da war Pasiphae, die Königin von Kreta, die sich von dem Erfinder Daidalos eine hohle hölzerne Kuh bauen ließ, sich hineinlegte und den Stier erwartete. In der griechischen Mythologie finden wir Antworten auf alle Fragen, die sich aus dem Zusammenleben der Menschen untereinander und aus den Phänomenen der Natur ergeben; und die Antworten sind nicht »grau wie alle Theorie«, sondern grün wie »des Lebens goldner Baum«.

Die Mythen antworten auf die großen, die letzten Fragen: Wie ist die Welt entstanden? Die Antworten mögen fantastisch sein, poetisch, verrückt, aber es sind Antworten. Dem Mythos, so erklärt diese Deutung weiter, folgt in der Menschheitsentwicklung die Religion, im Judentum und im Christentum kommt die Moral als verbindliche Handlungsanweisung dazu, die Antworten sind nun nicht mehr ganz so bunt; und schließlich treten die Naturwissenschaften auf, sie entdecken uns die Welt als so fantastisch, wie die verrücktesten Mythen sie nicht zu schildern vermochten, aber jeder Wille, jeder Sinn, die Poesie, der Zauber und auch die Moral sind ausgetrieben; der Mensch, nicht einmal ein Punkt, hockt einsam inmitten eines gigantischen Theaters, das eben kein »gigantisches« ist, und er fragt sich: Wozu das alles?

Noch zu meinen Gymnasialzeiten hieß ein Fach *Naturgeschichte*. Als ob die Natur eine Geschichte hätte – die Naturforschung ja, aber die Natur doch nicht! Der

Natur gegenüber sind und bleiben wir Kinder. Wer nicht darüber staunt, dass das Licht bis zu unserem nächsten Nachbarstern, Proxima Centauri, 4,24 Lichtjahre benötigt, dass aber 100 bis 300 Milliarden Sterne allein in unserer Milchstraße existieren, und dass weiter die uns am nächsten liegende Galaxie, der große Andromedanebel, den wir in klaren Nächten mit freiem Auge sehen können, etwa 2,5 Millionen Lichtjahre entfernt liegt, wir aber bis heute an die 50 Milliarden Galaxien im Weltall beobachten können, und dass umgekehrt der Weg hinunter zu den kleinsten Teilen ein ähnlich weiter ist – wer darüber nicht staunen kann und wenigstens kurz in seinen Tagesgeschäften innehält, wenn ihm solche Gedanken kommen, und sich fragt, was wird einmal aus mir, auch wenn schon alles aus ihm geworden ist, was je aus ihm werden konnte – ist so einem zu helfen?

Andererseits: Wir entwickeln zwar Werkzeuge, um uns gegen die Natur zu behaupten, Werkzeuge, um ihre Mechanik zu verstehen – nach einem verbindenden und verbindlichen Sinn suchen wir schon längst nicht mehr –, aber als einen Teil von ihr werden wir uns nie mehr fühlen, nie wieder, nie mehr – *nevermore* –, darin hat der Tod sein Vorbild: in der Scheidung von der Natur.

Und sind doch ein Teil von ihr. Und jedes Kind weiß das heute. Was die Sache aber nur noch unheimlicher erscheinen lässt! Es ist, als würde ich vor meiner eigenen Hand erschrecken. Denn sonst ist da ja niemand, der mich erschrecken würde wollen.

16

Manche Forscher glaubten, Märchen seien Reste vergangener mythischer Erzählungen; Reste, die nur deshalb als rätselhaft empfunden werden, weil sie Fragmente sind, um die herum neue narrative Verbindungen wuchern, damit die rätselhaften Risse und Lücken geschlossen oder verdeckt werden: Die Brüder Grimm haben diesen Gedanken als Erste angeregt. »Niederschlag uralter, wenn auch umgestalteter und zerbröckelter Mythen«, nannte Jacob Grimm die Märchen.

Zur Erläuterung ein Gedankenspiel: König Richard Löwenherz von England eroberte während der Kreuzzüge gemeinsam mit Leopold V. von Österreich die Feste Akkon, bei dieser Gelegenheit demütigte er den Österreicher, was dieser ihm nie verzieh. Jahre später wanderte Richard zu Fuß, als Bettelmönch verkleidet, quer durch Europa, er wurde aufgegriffen und dem Leopold übergeben. Der sperrte ihn in ein Verlies unter der Burg Dürnstein. Bis hierher ist die Geschichte historisch verbürgt. Nun beginnt der sagenhafte, der mythische Teil: Richards Freund und treuer Diener, der Sänger Blondel, machte sich von England auf, den König zu suchen, er suchte ihn über viele Jahre, und eines Tages saß er betrübt unter einer Burg im Gras und gestand sich ein, dass er Richard verschollen geben musste, dass er ihn nie finden würde, dass er wahrscheinlich tot ist. Da hörte er eine Stimme aus der Erde empordringen, die Stimme sang ein Lied, und dieses Lied kannte Blondel, er selbst hatte es geschrieben und seinem König gewidmet. Richard war gefunden. Für ein hohes Lösegeld gab Leopold seinen Widersacher schließlich frei (mit dem Geld baute er übrigens Wiener Neustadt).

In dieser Sage begegnen wir einem Motiv, das wir aus verschiedenen Märchen kennen: die Stimme, die aus der Erde dringt. In *Van den Machandelboom* (KHM 47) berichtet die Stimme eines Knaben singend aus dem Grab seiner Gebeine davon, wie seine Stiefmutter ihn getötet und sein Vater ihn aufgegessen hat. Das Märchen vom *singenden Knochen* (KHM 28) erzählt eine ähnliche Geschichte, und auch in der gruseligen Mär von *Fichters Vogel* (KHM 46), in der ein geschmückter Totenkopf über ein Bodenloch gesetzt wird, kann in Abwandlung dieses Motiv entdeckt werden; auch *Frau Holle* wirkt unter der Erde, und verfolgt man ihre Spur aus dem Märchen zurück in den Mythos, verwandelt sie sich in Hel, die nordische Göttin der Unterwelt.

Spielen wir in Gedanken, die Sage um Richard Löwenherz und Leopold V. wäre verloren gegangen, aus welchen Gründen auch immer, in den Erzählungen überlebt hätte einzig das Motiv der singenden Stimme aus dem Erdinneren – die entsprechenden Märchen wären in diesem Fall tatsächlich Reste vergangener mythischer Erzählungen, »Niederschlag zerbröckelter Mythen«.

Andere Wissenschaftler dagegen meinten, eben genau das treffe nicht zu; Märchen seien nämlich älter als Mythen. Die Mythen, so ihre Gegenthese, rationalisierten die Märchen, lösten das Rätsel auf, aus dem ihr Kern besteht, machten das märchenhafte Geschehen begreifbar oder versuchten es wenigstens. Der Mythos, so diese Theorie, bediene sich vielleicht einer ähnlichen Form wie die Märchen, bestehe aber nicht aus demselben Stoff; im Gegenteil, er sei eine Vorform oder eine Parallelform des nach Aufklärung verlangenden Geistes, der schließlich in den Schriften von Thomas Hobbes, David Hume, Denis Diderot, Jean-Jacques Rousseau und Immanuel Kant zu sich selbst gefunden habe. Mythos sei ohne aufklärerische Absicht nicht denkbar. Der Mythos führe das Märchen nicht weiter, sondern bringe sich als Antithese dazu in Stellung. Vielen Mythen sei ihre dialektische Herkunft vom Märchen noch anzusehen.

Im griechischen Mythos von Perseus zum Beispiel finden sich, unverstellt und nur ansatzweise aufklärerisch bearbeitet, Märchenmotive – die Frau im Turm (Danae wird von ihrem Vater noch vor ihrer Pubertät eingesperrt, weil ein Orakel verkündete, er werde von seinem Enkel erschlagen), die wunderbare Schwangerschaft (Zeus verwandelt sich in einen Goldregen und fällt auf Danae nieder und befruchtet sie auf diese Weise), die Aussetzung des Neugeborenen und seiner Mutter auf dem Meer, die Aufgabenstellung an den jungen Mann und die anschließende Heldenreise (Perseus soll das Haupt der Medusa holen), die helfenden Geister (Hermes gibt ihm Flügelschuhe, ein Schwert und eine Tarnkappe, Athene einen spiegelglatten Schild und den Rat, der Medusa nicht ins Gesicht zu sehen, weil er sonst in Stein verwandelt werde), schließlich die Vernichtung des Drachen und die Errettung der schönen Jungfrau. All diese Motive lassen sich in hunderten Märchen finden. Obendrein und im Unterschied zu den meisten Mythen mündet diese Geschichte, trotz versehentlicher, aber eben geweissagter Tötung des Großvaters, in einem Happy End – wie im Märchen üblich: Perseus und Andromeda leben glücklich und zufrieden ... – Die Märchenforscher schoben die Perseus-Geschichte dem Mythos zu, die Mythenforscher dagegen sahen darin zu viele Märchenmotive und zu wenig aufklärerische Absicht, um sie ganz als Mythos gelten zu lassen.

Die Unterscheidung zwischen Mythen, Sagen, Märchen, Legenden mag interessant und auch wichtig sein, brauchbar ist sie nicht. Für den Erzähler ebenso wie für den Zuhörer und den Leser zählt letztlich doch nur eine Frage: Ist die Geschichte gut oder nicht? Aber auch das ist gar nicht die erste Frage. Diese lautet: Ist der Erzähler gut, oder ist er nicht gut?

Zwei meiner Freunde fallen mir ein. Sie sind so unterschiedlich, wie sich nur denken lässt. Ich möchte in einem Innehalten von ihnen erzählen ...

17

Der eine ist ein Abenteurer, er hat die ganze Welt bereist, er ist zu Fuß durch den Grand Canyon gegangen, er ist in Borneo in einem Einbaum auf einem Fluss bis ins Meer gefahren, er hat an der Spitze von Südamerika einen nadelspitzen Berg bestiegen, er hat sich im Himalaya einen Fußzeh abgefroren und sich in Australien von Engerlingen ernährt. Einmal kam er in Afrika in ein Dorf, in dem gerade eine Gerichtsversammlung stattfand. Der Häuptling war ermordet worden, über den Mörder saßen die Bewohner des Dorfes zu Gericht. Nach Tagen wurde das Urteil verkündet: Der Mann musste das Dorf verlassen und sollte es nie wieder betreten dürfen. Mein Freund war von den Stammesangehörigen um Rat gefragt worden, und er hatte ihnen geantwortet, denn neben einem halben Dutzend anderer Sprachen versteht er auch leidlich ihren Dialekt. – Es fällt mir schwer, mich an all die Geschichten zu erinnern, die mein Freund, der Abenteurer, mir schon erzählt hat. Warum aber fällt es mir so schwer? Weil er so viel erlebt hat? Nein, deshalb gewiss nicht, ich habe ein gutes Gedächtnis für Abenteuer. Sondern: Weil er nicht erzählen kann. Er kann ums Verrecken nicht erzählen! Er weiß es selbst und lacht über sich selbst, voll Verzweiflung, Erstaunen und fassungsloser Ironie. Wer ihm zuhört, ist hinterher überzeugt, es gibt nichts Langweiligeres, als zu Fuß durch den Grand Canyon zu gehen, nichts Langweiligeres, als in einem Einbaum durch Borneo zu paddeln, an Langeweile vielleicht nur noch zu übertreffen von der Besteigung eines nadelspitzen Berges in Südamerika oder der Zeugenschaft einer afrikanischen Gerichtsverhandlung, bei der es um die Bestrafung des Mörders des Häuptlings geht. Schon nach dem dritten Satz kommt einem das Gähnen. Inzwischen hat er aufgegeben zu erzählen, er erlebt nur noch.

Mein anderer Freund sagt: »Aber wozu? Wozu erlebt er, wenn er nicht davon erzählt?«

Dieser andere Freund ist ein Angsthase, und zwar einer, wie er im Buch steht. Einmal plante er eine Autoreise von Vorarlberg nach Straßburg – Hinfahrt drei bis vier Stunden, eine Übernachtung, Hotel bereits gebucht, Rückfahrt wieder drei bis vier Stunden, Fahrtrouten ins Navi eingegeben und getestet. Am Tag vor der Abreise besuchte er uns und verabschiedete sich von mir und meiner Frau, als lebten wir im 17. Jahrhundert und er habe vor, nach Amerika auszuwandern. Mit beiden Händen hielt er uns fest, Tränen standen in seinen Augen, Tränen des Abschieds und der Angst. Er fürchtet sich vor allem. Als er zurückkam, erzählte er. Und jede Kleinigkeit wurde zu einem Abenteuer, so dass wir mit offenem Mund dasaßen und nur eine Sorge hatten, nämlich dass die Reise und die Erzählung allzu bald enden könnten. Schon das Tanken am Beginn der Reise war ein Abenteuer; er rechnete uns vor, wie groß die Wahrscheinlichkeit ist, dass so eine Tankstelle in die Luft fliegt, er beobachtete die Autofahrer, die ankamen, manche mit Zigaretten in den Mundwinkeln, er schilderte uns ihre Gesichtsausdrücke, aus wahrscheinlich ganz normalen Menschen wurden Dämonen, Teufel, die sich nur mühsam unter Menschenhäuten tarnten und in deren Marlboro ein Funken Höllenfeuer brannte. Und wieder, wie ich es schon bei meiner Großmutter so geliebt hatte, war die Erzählung schlicht, ja karg, vorgetragen in lakonischen Sätzen; er veranstaltete kein Gesichtstheater, ließ die Lautstärke nicht von Fortissimo zu Pianissimo springen. Alles, *was sein könnte*, spielte sich in unseren Köpfen ab; *wir*, die Zuhörer, malten mit *unserer* Fantasie das Bild, das er entwarf, zu einer Höllenvision um; wir mussten uns die Angst nicht aus seiner Erzählung ziehen, es war *unsere Angst*; aber *er* hatte sie geweckt.

Er weckte unsere Angst, indem er seine in einem Bild bändigte. Meine Frau und ich haben uns später gefragt, was uns geblieben ist von der Erzählung unseres Freundes. Er hat uns Straßburg geschildert, so wie er es gesehen hat, hat uns von dem Hotel berichtet, in dem er genächtigt hat, gut in Erinnerung ist uns geblieben, wie er das Münster bestiegen hat, als wäre er der Erste und als wäre das Münster um ein Vielfaches größer, als es tatsächlich ist, zu vergleichen nur mit dem Montblanc – diese Geschichten waren mitreißend, spannend, aber sie waren in der Hierarchie seiner Erzählung zweitrangig; sie bezogen ihre Relevanz nicht aus sich selbst, sondern von anderswo her. Sie waren eingestimmt auf eine Tonart, und diese Tonart war angeschlagen worden in der ersten Begegnung: nämlich in der Begegnung mit dem Marlboro rauchenden Mann an der Tankstelle.

Welches Bild war mir und meiner Frau geblieben? Ich habe das Bild bis heute vor mir: ein sehr großer, sehr dünner Mann, dessen Oberkörper sich konkav nach innen wölbte, was ihn noch hagerer und länger wirken ließ; der Kopf ein hoher, schmaler Zylinder, an dem schwarzes Haar wie Moos emporwuchs; mitten im Gesicht die brennende Marlboro. Der Mann trägt einen engen schwarzen Anzug, in der Hand hält er den Einfüllstutzen der Tanksäule. Und wie er den Arm bewegt, klafft sein Jackett auseinander, und darunter ist ein brandrotes Innenfutter zu sehen. Das Futter leuchtet auf, als wäre es selbst gar nicht rot, sondern würde angestrahlt von der Brust und dem Bauch des Mannes. Der Mann besteht aus glühenden Kohlen; er hat sich einen Anzug übergezogen, damit niemand sieht, aus welchem Abgrund er aufgestiegen ist, und über das Gesicht hat er sich eine lebensähnliche Maske gezogen und über die Hände lebensähnliche Handschuhe. Mein Freund sagte, er habe sich gewundert, dass dieser Mann das Benzin in sein Auto einfüllte, er habe eigentlich damit gerechnet, dass er es trinkt, nämlich um dem Feuer, das in ihm glühte, Treibstoff zu geben. Dass mein Freund in einem Land unterwegs war, in dem auf offener Straße Teufel verkehrten, bestimmte den Eindruck seiner Reise nach Straßburg, und es war einsichtig, dass diese Reise gefährlicher war als eine Reise zum Amazonas oder eine Reise im 17. Jahrhundert nach Amerika.

Ich will nicht behaupten, aus der Geschichte meines Freundes – oder besser: aus der Art, wie mein Freund seine Geschichte gestaltet hat – lasse sich eine Anleitung für gutes Erzählen gewinnen; aber ein Gedanke ist mir doch in den Sinn gekommen: Wenn wir zum Beispiel an *Die Bremer Stadtmusikanten* denken, welches Bild fällt uns, ohne lange zu überlegen, ein? Doch wohl die übereinander stehenden Tiere, unten der Esel, auf ihm der Hund, dann die Katze, ganz oben der Hahn. Ich habe ein paar Freunde angerufen, auch unsere Tochter in Ingolstadt und unsere Söhne in Wien, alle kannten das Märchen, und allen fiel sofort das entsprechende Bild ein. Ich fragte sie, warum die Tiere übereinander stehen. Nur einer wusste es, und auch der nicht genau. Sie sind nachts im Wald auf eine Hütte gestoßen, in der sitzen die Räuber und essen, die Tiere schauen zum Fenster hinein, und um die Räuber zu erschrecken, stellen sie sich übereinander. Die Aktion ist eindrücklich und erfolgreich, aber auch ein wenig merkwürdig und ganz und gar nicht zwingend. Es hätte gewiss andere Möglichkeiten gegeben, die Räuber zu erschrecken, es war gewiss nicht die nächstliegende, sich übereinander zu stellen. Dass ein Hund auf einen Esel steigt, ist eigentlich nur in einem Zirkus denkbar; dass dann auch noch die Katze auf den Hund steigt, ist mehr als seltsam und dem Charakter dieser Tiere zuwider; der Hahn auf der Katze widerspricht nachgerade allem, was wir über Tiere im Allgemeinen und über Katzen und Hähne im Besonderen wissen. Das Bild ist ein Rätsel.

Dies nun meine Überlegung: Dem Märchen, also der Erzählung, ging eben dieses rätselhafte Bild voraus. Woher das Bild stammt, darüber möchte ich nicht spekulieren. Aber ich denke, die Geschichte ist im Nachhinein um dieses Bild herumgesponnen worden, um das Rätselhafte in einen Zusammenhang zu versetzen. Dieses Bild hat die Tonart der Geschichte vorgegeben – wie der Marlboro rauchende Höllenmann die Tonart der Reise meines Freundes nach Straßburg vorgegeben hat.

Jede Erzählung schafft ein Koordinatensystem, in dem den einzelnen Teilen ihr Platz zugewiesen wird. Die Erzählung baut in ihrer Handlung eine Hierarchie auf; manchmal aber führt uns gerade diese Hierarchie in die Irre. Der Plot des Märchens von den Bremer Stadtmusikanten käme ganz ohne das Bild der übereinander gestapelten Tiere aus, es würde dieselbe Geschichte erzählt, aber der Plot, die Handlung, ist nicht das Herz dieser Geschichte. Vielleicht trifft diese Überlegung auf andere Geschichten ebenso zu. Vielleicht auf alle Geschichten. Auf alle gut erzählten Geschichten. Die Handlung ist das Transportmittel, sie ist lediglich das Mittel; aber es kommt auf etwas anderes an: auf das Bild, das transportiert werden soll.

Aber vielleicht kommt es ja doch auf die Handlung an. Die Handlung ist Bewegung, und nur in der Bewegung werden die Dinge miteinander in Zusammenhang gebracht. Wir sind auf Zusammenhänge trainiert, weil wir nur *sinnvoll* existieren können, und Sinn ist ein Synonym für den Zusammenhang der Dinge. Wie sollten wir anders leben können? Etwa in einer Welt, die aus beziehungslosen Phänomenen besteht, aus Monaden? Es wäre keine Welt. Es wäre eine Nicht-Welt. Und nicht einmal das ließe sich sagen.

Konsequent weitergedacht, hieße das: Was wir als Welt bezeichnen, ist ein Artefakt. Ohne uns, die wir »Welt« sagen, gibt es die Welt nicht. Der Gedanke ist uralt. Seine Wurzeln reichen bis zu Platon zurück. Wie auch immer wir den Ur-Zustand nennen, über den wir wie eine Kathedrale die Welt aufbauen, die wir bewohnen: Was dort wächst, sprießt, blüht, das sehen wir mit unseren welttrainierten Augen nicht – oder nicht mehr –, bisweilen aber blitzt ein Bild auf, das uns in seiner Rätselhaftigkeit vielleicht beunruhigt; und um dieses Bild lassen wir eine Hecke wuchern, die ist wie die Dornenhecke in *Dornröschen*, sie verwundet uns; aber dahinter liegt ein Bild verborgen: ein schlafender Hofstaat ...

Denn wir sind wie Baumstämme im Schnee. Scheinbar liegen sie glatt auf, und mit kleinem Anstoß sollte man sie wegschieben können. Nein, das kann man nicht, denn sie sind fest mit dem Boden verbunden. Aber sieh, sogar das ist nur scheinbar.

Franz Kafka, Die Bäume

Der kühne Abenteurer, der so gar nicht von seinen Abenteuern erzählen kann, und der ängstliche Stubenhocker. Letzterer blickt durch die immer ähnlichen Abläufe der Tage hindurch und zeigt auf das Bild, das dahinter liegt, und für einen Augenblick bleibt die Welt stehen. Gleich springt der Hahn vom Katzenbuckel, die Katze springt vom Hund und der Hund vom Esel, und dann tun Hahn wieder wie Hahn und Katze wie Katze und Hund wie Hund und Esel wie Esel.

18

»Richard?«

»Ja?«

»Ist dir kalt?«

»Nein.«

»Willst du mehr Decke?«

»Ist gut so.«

»Du denkst, es ist Abend, habe ich Recht?«

»Aber es ist doch Abend.«

»Nein, es ist nicht Abend. Es ist Mittag. Und es ist auch nicht Winter.«

»Was denn sonst?«

»Sommer ist, und sehr heiß ist es.«

»Ich weiß nicht ...«

»Und es schneit nicht.«

»Aber es schneit doch, ich sehe doch, dass es schneit.«

»Nein!«

»Nein?«

»Nein. Und wir sitzen auch nicht hier.«

»Wo sitzen wir denn?«

»Wir sitzen gar nicht.«

»Stehen wir?«

»Ja, wir stehen.«

»Wo stehen wir denn?«

»Wir stehen auf einer Wiese.«

»Mitten drauf?«

»Nein, nicht mitten drauf stehen wir, am Rand stehen wir.«

»Am Rand stehen wir ... Wieso stehen wir am Rand? Weil es gleich gefährlich wird, darum stehen wir am Rand?«

»Es ist gut, dass wir am Rand stehen, Richard. Da sind wir sicher. Am Rand sieht man uns nicht. Da ist nämlich ein Wald, und der wirft einen Schatten, und in dem Schatten stehen wir, da kann uns ... der da ... nicht sehen.«

»Wer ist der da?«

»Nicht so laut, Richard!«

»Kann der da uns hören?«

»Wenn wir laut sind, kann er uns hören. Es ist nämlich Mittag, und es ist ganz still. Weil sich nichts bewegt, darum.«

»Dürfen wir uns auch nicht bewegen?«

»Nein, das dürfen wir nicht. Hast du Durst?«

»Nein. Wär's gut, wenn ich Durst hätte?«

»Ich frag nur, weil es so heiß ist und Sommer, und ich dir leider nichts zu trinken geben kann.«

»Weil uns dann der da bemerkt?«

»Genau. Kannst du ihn sehen, Richard?«

»Nein, leider nicht.«

»Klar, kannst du ihn sehen. Schau genau! Du musst nur genau schauen!«

»Wenn du mir sagst, wer der da ist, dann sehe ich ihn vielleicht.«

»Ich weiß auch nicht genau, wer der da ist.«

»Ist er ein Mensch?«

»Nein.«

»Oje.«

»Vielleicht ist es gut, dass er kein Mensch ist. Es gibt auch gefährliche Menschen.«

»Das weiß ich schon. Aber Tiger zum Beispiel sind gefährlicher.«

»Er ist kein Tiger. Jetzt schaut er zu uns herüber, Richard. Nicht bewegen und ganz leise!«

»Schaut er böse?«

»Pst!«

»Ich will nur wissen, ob er böse schaut. Bitte, sag mir, ob er böse schaut!«

»Er schaut ... er schaut ... er schaut uns an. Mein Gott, direkt uns!«

»Oje.«

»Pst!«

»Wie schaut er uns an? Bitte, sag es mir. Nur das.«

»Jetzt kommt er her.«

»Zu uns? Und wie schaut er?«

»Er hat uns gesehen. Er schaut uns an ... wie ... wie soll ich sagen ...«

»Bitte, sag es!«

»Er hat Hörner.«

»Oje.«

»Und so komische Augen. Darum kann ich nicht sagen, wie er schaut.«

»Was für Augen denn?«

»Augen wie ... eine Ziege.«

»Was für Augen haben Ziegen? Ich weiß nicht, was für Augen Ziegen haben. Ich habe noch nie eine Ziege gesehen ...«

»Die haben einen schwarzen Streifen mitten durch das Auge hindurch.«

»Mitten hindurch? Oje.«

»Jetzt bleibt er stehen.«

»Und schaut wieder?«

»Ja. Pst!«

»Uns an?«

»Pst!«

»Ich möchte, dass es wieder kalt ist.«

»Das ist jetzt zu spät. Jetzt kommt er ... er geht schneller ... Er schaut ... als wären wir ...«

»Als wären wir ... Beute?«

»Wieso Beute? Wir sind keine Beute für ihn. Er schaut uns an, als wären wir ein Besenstiel und ein Herrenfahrrad. Genau so schaut er uns an.«

»Ist das gut oder schlecht?«

»Das weiß ich nicht.«

»Aber einen Besenstiel kann man doch brauchen und ein Herrenfahrrad auch.«

»Aber man kann einen Besenstiel auch zerbrechen, und wenn einem ein Herrenfahrrad nicht gefällt, dann haut man es in den Bach.«

»Oje.«

»Jetzt ... Richard ... jetzt steht er vor dir ... ganz nah ... Nicht die Hand heben, bitte, ja nicht ... Jetzt macht er das Maul auf ... Habe ich erzählt, dass auf der Wiese Kühe sind?«

»Nein. Was ist mit dem Maul?«

»Die Kühe fressen Gras.«

»Das ist doch nicht wichtig ... Was ist mit dem Maul, hat er es weit offen ...«

»Jetzt schreit er gleich, glaub ich.«

»Ich habe Angst.«

»Vor dem da?«

»Vor dir.«

19

Die deutsche Romantik weist die merkwürdigsten Widersprüche auf. Sie war eine neue, junge, sich als ewig jung verstehende Bewegung, gefühlvoll bis zur Torheit, extravagant, kindisch bisweilen, verlogen kindisch, manchmal gruselsüchtig, manchmal fromm, sehnsuchtsvoll, zukunftsfroh, aber ihre Sehnsucht richtete sich in die Vergangenheit. Die Namen ihrer Helden klingen uns noch heute im Ohr wie Verszeilen eines alten Gedichtes – Ludwig Tieck, Ludwig Uhland, Adalbert von Chamisso, Joseph von Eichendorff, die Brüder August Wilhelm und Friedrich Schlegel, Rahel Varnhagen, Bettina von Arnim und ihr Mann Achim, Clemens Brentano, Novalis, E. T. A. Hoffmann, Wilhelm Heinrich Wackenroder, aber auch der Jurist Friedrich Carl von Savigny und die Maler Ludwig Richter und Caspar David Friedrich ...

Nicht in Gegnerschaft zur Klassik mit ihrer Rückbesinnung auf die Antike, aber als Ergänzung und Kontrast dazu interessierten sich die Romantiker für das Mittelalter. Sie verklärten diese Zeit – ähnlich wie die Klassik die Antike verklärte –, fantasierten sich Auftritte zurecht von Karl dem Großen, Friedrich II., Wolfram von Eschenbach, König Artus, Walther von der Vogelweide, richteten ferne Dramen ein für ihre eigenen Weltbilder. Sie protestierten gegen die aufklärerische Meinung, das Mittelalter sei eine finstere Epoche gewesen ohne Kunstverstand und Bildung, roh, taub, fühllos, gewalttätig. Dort wurzle das Eigene, so war ihre leidenschaftliche Überzeugung; das Mittelalter sei der Nährboden für die »blaue Blume«, die, von Novalis in seinem Romanfragment *Heinrich von Ofterdingen* zum ersten Mal zum Blühen gebracht, bald das Symbol ihrer Bewegung wurde.

Auch der junge Goethe war beeinflusst von diesem Gedanken- und Herzensgut – später distanzierte er sich davon, nannte das Romantische das Kranke, die morbide Fantasie eines Heinrich von Kleist widerte ihn an, er schlug ihn ganz den Romantikern zu. Aber auch Goethe hatte sich gegen die herabsetzende Beurteilung der Gotik durch Giorgio Vasari gewehrt, dem Künstlerbiografen der Renaissance, dem seither alle Kritik blind folgte. Als Goethe in Straßburg zum ersten Mal vor dem Münster stand, war er überwältigt. In seinem Aufsatz *Von Deutscher Baukunst* bezeichnete er den Architekten dieses Gotteshauses,

Erwin von Steinbach, als das Genie schlechthin. Er konnte in dem herrlichen Bau nicht Willkür, Überladung, Überlastung, zwecklose Verzierung erkennen, als deren erstrebenswertes Gegenteil die »edle Einfalt und stille Größe« galt, die Johann Joachim Winckelmann, der einflussreiche Archäologe, in den Werken der Antike zu erkennen meinte. Oder der Kölner Dom – was für ein prächtiger Torso! Er thronte zur Zeit Goethes als eine Ruine in der Stadt, im 12. Jahrhundert begonnen, war die Arbeit um 1500 abgebrochen worden, die Türme gab es noch nicht, auf dem unfertigen Dach drehte sich der alte Holzkran, machte seine klagenden Geräusche, wenn der Wind in ihn fuhr, angeblich haben die napoleonischen Soldaten ihre Pferde im Kirchenschiff untergestellt, und angeblich hat das die Kölner nicht einmal gestört. Noch zu Goethes Lebzeiten überlegte man, »das Monstrum« abzureißen. Man fragte ihn um seine Meinung. Er war entschieden dafür, den Dom zu Ende zu bauen. Was dann ja auch geschah.

In der weiten Vergangenheit des Mittelalters also glaubten die Romantiker den Ursprung deutscher Identität zu finden, an den wieder angeknüpft werden musste, wenn Deutschland in einem neuen, vom napoleonischen Frankreich dominierten Europa nicht untergehen sollte. Wer respektiert werden möchte, muss doch erst einmal selber wissen, wer er ist.

Aber wer in der Vergangenheit nach Identität sucht, der sucht sie in Wahrheit in der Illusion. Illusionen wachsen aus Gefühlen, und was war die Romantik anderes als eine Gegenbewegung zum Rationalismus der Aufklärung, die aus der Naturbetrachtung eine Wissenschaft machte und sich nicht in einem »süßen Staunen« über eine blaue Blume am Wegesrand verlieren wollte. Sehnsucht nach Erlösung meinten sie zu fühlen, die Romantiker, und wussten doch eigentlich nicht, wovon sie erlöst werden wollten. Aber das störte sie nicht. Im Gegenteil. Das Ungefähre war das Eigentliche. Und die Erlösung kommt mit einem Erlöser.

Was du verlorst, hat er gefunden;
Du triffst bei ihm, was du geliebt:
Und ewig bleibt mit dir verbunden,
Was seine Hand dir wiedergibt.

So singt Novalis.

Dass die Erlösungssehnsucht, eben weil sie abstrakt und ungefähr bleibt, nicht gestillt werden kann und in Destruktion umschlägt, sehen wir in Richard Wagners *Ring des Nibelungen*. Auch Sigmund Freuds Todestrieb, ein nachfahrender romantischer Verwandter, verspricht Erlösung. – Heiliger Untergang! Apotheose des Todes! – Wer nicht einmal sein eigenes Leben sein Eigen nennen kann, der mag im Tod den Erlöser sehen. Vom Leben erlöst einen der Tod allemal.

Dagegen ist die Erlösung im Märchen freilich profan – einen lieben Mann bekommen, eine liebe Frau bekommen, satt werden, glücklich werden, und zwar in diesseitiger, ganz und gar irdischer Weise, auch wenn – oder gerade weil? – der Weg dorthin noch so wunderbar gewesen sein mag. Irgendwann ist der Zauber zu Ende. Selten, dass der Zauber etwas »Zauberhaftes« zustande bringt; wenn der Frosch in einen Prinzen verwandelt wird, dann doch nur, weil er zuvor in einen Frosch verzaubert worden war. Oft genug hebt der Zauber nur einen anderen Zauber auf. Und dann wird nicht im Himmel gelandet oder in einem wie auch immer er- oder beleuchteten metaphysischen Zustand, sondern auf der Erde, wo es nach Bratkartoffeln riecht. So bietet das Märchen recht eigentlich keine Erlösung, sondern doch wohl eher Erfüllung. Und wenn vom Glück gesprochen wird, ist wohl eher die Zufriedenheit gemeint. Darum enden die Märchen ja auch, wenn der Indikativ den Konjunktiv verdrängt – nicht als grammatikalische Form gedacht, sondern als Seinsgestimmtheit; der

Konjunktiv erklingt in Moll, der Indikativ in Dur; im Konjunktiv könnten im Schatten des Mondes alle möglichen Dämonen lauern, im Indikativ scheint die Sonne. Wo das Märchen endet, beginnt der Roman, der bürgerliche Roman.

Novalis hat seinen *Heinrich von Ofterdingen* als Gegenentwurf zu Goethes *Wilhelm Meister* gedacht.

»Wilhelm Meisters Lehrjahre sind«, meinte er gewissermaßen durchaus herablassend, »gewissermaßen durchaus prosaisch und modern. Das Romantische geht darin zugrunde, auch die Naturpoesie, das Wunderbare. Er handelt bloß von gewöhnlichen, menschlichen Dingen, die Natur und der Mystizism sind ganz vergessen. Es ist eine poetisierte bürgerliche und häusliche Geschichte. Das Wunderbare darin wird ausdrücklich als Poesie und Schwärmerei behandelt. Künstlerischer Atheismus ist der Geist des Buches ... Es ist im Grunde ... undichterisch im höchsten Grade, so poetisch auch die Darstellung ist.«

Für Novalis waren politische Fragen ästhetische Fragen, und Philosophie war eine andere Form der Poesie; das Schöne und nur das Schöne weise über sich hinaus, und zwar kraft des religiösen Kerns, der dem Schönen innewohne, wenn es wahrhaftig schön sei. Die zerrissene Einheit von Realität und Transzendenz sah er in der Märchenwirklichkeit wiederhergestellt.

Dichtung, die sich solche Heilung nicht als Gestaltungsziel setzte, war für ihn misslungen. Aber dass ein Gutteil der Märchen just dort endet, wo bürgerliches Leben beginnt, das hat Novalis nicht wahrhaben wollen.

20

An das Ende der meisten Märchen ließe sich nahtlos ein Roman anschließen. Das Rumpelstilzchen hat sich selbst erledigt; nachdem das Personal die Sauerei weggewischt hat und die Wände frisch gestrichen wurden, hat die Müllerstocher-Königin in dem Zimmer ein nettes Speisezimmer eingerichtet, wo zweimal in der Woche Gäste eingeladen werden, junge Männer und Frauen, aber auch abgebrühte alte Kupplerinnen und zynische alte Geschäftsleute ... Was an diesen Abenden geschieht, kann man bei Marcel Proust oder Thomas Mann nachlesen. Dem bürgerlichen Roman genügt die Realität, wie sie ist, eine Realität, in der Transzendenz, Religion, Magie, Zauber zu Beschäftigungen, Neurosen, Spleens oder Überzeugungen der auftretenden Figuren werden, aber nicht die Welt, wie sie für den Romantiker ist – oder sein soll –, präsentieren. Der moderne Romanautor hat vom Baum der Erkenntnis gegessen, und an dem wachsen die verschiedensten Früchte, man kann sie einwecken, Kompott daraus machen,

Marmelade, Kirschkuchen, Apfelstrudel, und man kann einfach in sie hineinbeißen – purer Apfel, nicht Symbol. Zwetschke, nicht Hostie. Nicht zu Unrecht sagt Fichte, der Roman sei »die Form der Epoche der vollendeten Sündigkeit«. Effi Briest ohne ihre Umgebung gleicht einer Märchenprinzessin, als Romanfigur erzählt sie uns von den Zwängen, Sitten und Sünden der bürgerlichen Gesellschaft in der zweiten Hälfte des 19. Jahrhunderts. Ein Tag verweist auf den nächsten, ein Jahr auf das nächste; der Himmel ist, wo die Wolken sind, von der Hölle spricht man, wenn zum Beispiel, wie in den Buddenbrooks, durch ein Unwetter die Weizenernte vernichtet wird und die Aktien ins Bodenlose fallen.

Das Märchen dagegen, so lange es anhält, ist der Akt des Über-sich-Hinausweisens; im Märchen ist Transzendenz nicht etwa nur enthalten, wie sie für einen gläubigen Menschen ja auch in der Realität enthalten ist, *das Märchen ist Transzendenz.* Denn wo die Dinge aus ihrem Zusammenhang gelöst werden, oder besser: wo sie nie zusammenhingen, so dass aus ihrer Summe ein Neues, Höheres werden konnte, dort herrschen selige Zeiten, und der Sternenhimmel ist »die Landkarte der gangbaren und zu gehenden Wege«, wie Georg Lukács in seiner *Theorie des Romans* sagt. Aber dieser Zustand hält nur so lange an, wie das

Märchen dauert, und er endet – ich erlaube mir eine Analogie – mit einem offenen Dominantseptakkord, der nach Auflösung in der Tonika verlangt. Wenn man angekommen ist, würde man am liebsten in ein Wurstbrot beißen und ein Bier dazu trinken, die Symbole und Metaphern haben nämlich, so schön sie sein mögen, keinen Nährwert.

Der ungarische Philosoph und Literaturwissenschaftler Georg Lukács schildert in seinem zweiten frühen Werk *Die Seele und die Formen* (beide geschrieben, bevor er Marxist wurde) die Eigenart des Märchens, ohne dass er eigentlich das Märchen gemeint hätte:

»Die Dichtung an sich kennt nichts, was jenseits der Dinge wäre; ihr ist jedes Ding ein Ernstes und Einziges und Unvergleichliches. Darum kennt sie auch die Fragen nicht: man richtet an reine Dinge keine Fragen, nur an ihre Zusammenhänge; denn – wie im Märchen – wird hier aus jeder Frage wieder ein Ding, dem ähnlich, das sie zum Leben erweckte. Der Held steht am Kreuzweg oder inmitten des Kampfes, aber der Kreuzweg und der Kampf sind nicht Schicksale, denen gegenüber es Fragen und Antworten gibt, sie sind einfach und wörtlich Kämpfe und Kreuzwege. Und der Held bläst in sein Wunder erweckendes Horn und das erwartete Wunder erscheint, ein Ding, das Dinge aufs neue ordnet.«

21

Die romantische Rückbesinnung auf das Mittelalter war ein wirklichkeitsfremder Gestus, zugleich aber politisch brisant. Hier zeigt sich ein erster Widerspruch. Denn angeregt wurden diese Sehnsüchte nicht zuletzt durch die Verheißungen der Französischen Revolution. Die Befreiung von Willkür und Macht, die Emanzipation des Eigenen, der Stolz eines Volkes auf sich selbst – diese Ideen waren verlockend, und sie verbreiteten sich schnell über ganz Europa, förderten nationale Bestrebungen. Und die neuen Freiheits- und Eigenständigkeitsgedanken richteten sich zuerst gegen den, der sie brachte, denn er brachte sie mit Gewalt: gegen Napoleon.

Über Napoleon wusste ich schon als Kind einiges. Ich wusste, er war ein Kaiser, aber keiner aus einem Märchen; obwohl sich vieles, was mein Vater über ihn erzählte, wie ein Märchen anhörte. Napoleon war so etwas wie eine Problemfigur für meinen Vater, auf ihn kam er immer wieder und manchmal in verwegenen Zusammenhängen zu sprechen, und oft stand er dann von seinem Sessel auf und ging Achterschleifen durch unsere Küche und wiegte den Kopf hin und her und machte mit der Rechten Bewegungen, als ob er an einem apfelgroßen Türknauf drehte. Ich konnte nicht abschätzen, ob er den Napoleon mochte oder nicht. Mein Vater hatte ein Faible für widersprüchliche Persönlichkeiten, in der Historie ebenso wie in unserem Bekanntenkreis. Über Talleyrand konnte er ins Schwärmen geraten, und gerade deshalb, weil dieser Alleskönner allen politischen Gegebenheiten sich anzuschmiegen verstand, ein Kirchenmann, der den Revolutionären ebenso dienlich war wie später Napoleon und noch später dem »Bürgerkönig« Louis-Philippe I.; ein Mann, der noch den zynischsten Opportunismus als Pragmatismus darzustellen vermochte. Oder Bismarck, auch mit ihm beschäftigte sich mein Vater ein Leben lang, empörte sich ebenso über ihn, wie er ihn bewunderte, den »Sozialistenfresser«, der paradoxerweise mit seiner Sozialgesetzgebung eine Vision des modernen Sozialstaates schuf. Oder Churchill – in allem pragmatisch, wenn es nur Hitler schadete, gegen den er, wie er im Parlament verkündete, sogar mit dem Teufel einen Pakt schließen würde. Pragmatismus hieß für meinen Vater »Politik des Möglichen«, alle andere Politik prahle vielleicht mit einem Heiligenschein, auf dem realen Boden von Montag bis Freitag sei sie meist verheerend; gute Politik sei allein die Form des Möglichen (diese *Möglichkeitsform* unterscheidet sich von der im Märchen waltenden grund- und gegensätzlich – der Bilderreichtum der deutschen Sprache fördert Doppel- und Mehrdeutigkeiten, was mancher puristische Propagandist nicht gern hört). Ich vermute, mein Vater wusste nicht, was er von Napoleon halten sollte, ob dieser kleine große Mann der härteste aller Pragmatiker war oder doch nur ein gut getarnter, brandgefährlicher Schwarmgeist – oder beides.

Napoleon überzog Europa mit Eroberungskriegen, und erobert sollten nicht nur Länder und Städte werden, sondern auch die Köpfe und die Herzen; die Menschen sollten gewonnen werden für die neuen Ideen. Von 1792 bis 1815 dauerten die Napoleonischen Kriege; Russland, Holland, Spanien, Portugal, England und das Osmanische Reich kämpften an der Seite von Österreich und Preußen gegen Frankreich. Und ihre Parolen waren ausgerechnet jene, die ihnen die Franzosen gebracht hatten: für Freiheit und Eigenständigkeit!

Mein Vater war lesegierig, und wie so viele Autodidakten quälte ihn tief drinnen der Gedanke, er könnte etwas übersehen haben. Einmal, ich erinnere mich sehr gut, versammelte er die Familie in der

Küche. Er habe Shakespeares *Julius Cäsar* gelesen, sagte er, und nun endlich verstehe er Napoleons Politik. Wir, meine Mutter, meine Großmutter, meine Schwester und ich, hatten keine Chance, seinem Referat zu entgehen; aber das wollten wir gar nicht, ich jedenfalls nicht. Cäsar, referierte mein Vater, habe dreimal abgewehrt, als ihm Antonius die Kaiserkrone anbot; schließlich habe er sich zum autokratischen Herrscher ausrufen lassen. Im Herzen aber, davon sei er überzeugt, sagte mein Vater, sei Cäsar ein Republikaner gewesen und zwar der reinste Republikaner, der sich denken lässt. Aber er habe gesehen, das römische Volk war noch nicht reif für die wahre Republik, und um ihm die wahre Republik einzubläuen, habe es eben eines Diktators bedurft, eines Kaisers; Cäsars Plan sei es gewesen, das Volk mit diktatorischer Gewalt zur republikanischen Freiheit zu führen. Und genauso habe Napoleon gedacht. Das französische Volk sei für die Ideen der Revolution noch nicht reif gewesen – obwohl dasselbe Volk die Revolution gemacht habe. Und Europa sei für Freiheit, Gleichheit, Brüderlichkeit erst recht nicht reif gewesen. Beweis: Anstatt dass sich die Deutschen der Aufklärung zugewandt hätten, seien sie, und zwar aus Trotz gegen Napoleon, freiwillig in den Sumpf der Romantik gestapft und hätten sich von allen historischen Epochen ausgerechnet jene als Vorbild ausgesucht, in der die geringstmögliche Freiheit, die geringstmögliche Gleichheit und außerhalb der Klöster so gut wie gar keine Brüderlichkeit herrschten.

Und weil ich zu dieser Zeit bereits studierte, nämlich unter anderem auch Politikwissenschaft (was mein Vater in seiner Jugend auch gern studiert hätte, wozu aber weder Einsicht bei seinen Eltern noch Geld vorhanden gewesen waren), wandte er sich am Ende seines Referats an mich, klopfte mit seinem Zeigefinger gegen meine Brust und sagte: »Jetzt bist du dran.«

»Was willst du hören?«, fragte ich.

»Eine Verteidigung der Romantiker.«

Ich erinnere mich genau – ich sagte: »Vielleicht wollten sie einfach nichts Fremdes übernehmen. Vielleicht wollten sie einfach keine deutschsprechenden Franzosen werden. Vielleicht wollten sie ein Eigenes.«

Mein Vater nickte lange, sehr lange. Dann drehte er wieder an dem fiktiven apfelgroßen Türknauf. »Etwas Eigenes wollten sie also, deine Romantiker, deine deutschen Romantiker. Interessant. Und was soll das sein, das Eigene?«

Ich liebte es, wenn mein Vater aus der Geschichte erzählte; ich hasste es, wenn er mich ausfragte. Wenn dieses Frage-Antwort-Spiel länger dauerte, verstummte ich, dann kam ich mir vor wie der größte Idiot auf Gottes weiter Welt, und wenn mich mein Vater am Ende gefragt hätte, was eins und eins ist, ich hätte mich nicht getraut zu antworten, denn wahrscheinlich wäre die Mathematik inzwischen draufgekommen, dass eins und eins nicht zwei ist, sondern zweieinhalb oder siebzehn, und ich in meiner Verträumtheit hätte das nicht mitgekriegt.

»Tja«, sagte ich und versuchte einen skeptischen Gesichtsausdruck, um wenigstens den Anschein von Restintelligenz zu wahren (darum auch das »Tja«, das ich nur aus schriftlicher Überlieferung und dort als Ausdruck klugen Bedenkens kannte), »tja, das ist die Frage. Was ist das Eigene?«

»Ja, das ist die Frage«, schloss mein Vater das Kolloquium ab.

22

Und was ist das Eigene?

Diese Frage stellten sich auch die Romantiker und taten dies mit einer neuen Dringlichkeit.

Der Philosoph Johann Gottlieb Fichte schwang sich zum politischen Propagandisten auf. »Der vernunftgemäße Staat«, deklamierte er in seinen *Reden an die deutsche Nation*, »lässt sich nicht durch künstliche Vorkehrungen aus jedem vorhandenen Stoffe aufbauen, sondern die Nation muss zu demselben erst gebildet und herangezogen werden.« Und die Nation erhebt sich eben nicht aus purer Rationalität, sondern aus dem Gefühl des Volkes, aus dem Empfinden für sich selbst. Allein der Titel seiner Vorlesungen war schon mehr als ein Programm, war als Antizipation gedacht, denn eine deutsche Nation gab es ja noch gar nicht. An Gefühl fand er bei den Deutschen mehr als genug, es kam ihm darauf an, dieses zu einem nationalen Gefüge zu bündeln. Deutschland und nur Deutschland sei Erbe des Heiligen Römischen Reiches. Dass diese Feststellung gegen Frankreich gerichtet war, brauchte er nicht hinzuzufügen.

Das Kapital der Deutschen sah Fichte übrigens in ihrer Sprache, die noch »rein« sei und als einzige europäische Sprache in der Lage, tiefe Gedanken und Empfindungen auszudrücken – das sollte heißen: Sie war noch nicht korrumpiert (wie zum Beispiel die französische Sprache, in der das eine das andere bedeuten konnte, wo manchmal Ja gesagt wurde, wenn Nein gemeint war). Die Nachbarn hätten im Lauf ihrer Geschichte immer wieder von anderen Sprachen geliehen und sich dadurch vom Eigenen entfremdet, das Eigene aber sei das Lebendige. »Beim Volke der lebendigen Sprache greift die Geistesbildung ein in das Leben.« So ein Volk eben seien die Deutschen. Wer nicht so ein Volk sei, brauchte er wieder nicht zu sagen. – Die Reden wurden 1808 in Berlin gehalten, als die Stadt von den napoleonischen Truppen besetzt war.

Hegel, wahrhaft kein romantischer Hitzkopf, bemerkt in seinen *Vorlesungen über die Philosophie der Geschichte,* gehalten zwischen 1822 und 1831, also zwanzig Jahre nach Fichte: »Die reine Innigkeit der germanischen Nation war der eigentliche Boden für die Befreiung des Geistes.« – Befreiung des Geistes wohlgemerkt, Befreiung von der napoleonischen Besatzung konnte er nicht gemeint haben.

Und was ist deutsch?

Die Landkarte gab darauf keine Antwort. Deutsch gesprochen wurde in unzähligen Fürstentümern, die zum Teil miteinander verfeindet waren, die einen gewährten den politisch Verfolgten der anderen Asyl – Schiller zum Beispiel floh als junger Mann von Württemberg nach Thüringen, nachdem er sich wegen seines Stücks *Die Räuber* mit einem Schreibverbot konfrontiert sah. Die territoriale Aufsplitterung, der zufolge von einem Reisenden alle paar Kilometer verlangt wurde, einen Stapel Papiere vorzuweisen – siehe: Heinrich von Kleist, *Michael Kohlhaas* oder noch Jahre später Georg Büchner in *Leonce und Lena*: »Was hast du gesehen?« – »Ein Hund, der seinen Herrn sucht, ist durch das Reich gelaufen.« –, diese Kleinstaaterei stand einem Gemeinschaftsgefühl, wie es die Franzosen – trotz »mangelnder Empfindsamkeit« – beneidenswert vorlebten, entgegen.

So wurde die Frage eben in die Vergangenheitsform gedreht; nicht: *Was ist deutsch?*, sondern: *Was ist einmal deutsch gewesen?*

23

Eigentlich sollte es nicht notwendig sein, aber um hier auf keinen Fall einen Irrweg zu öffnen: Die Sehnsucht und die Suche nach einem das Herz und den Verstand befriedigenden Deutschtum haben mit der hundert Jahre später einsetzenden braunen Geistesverheerung nichts zu tun – was leider auch nicht ganz stimmt: Immerhin war es für die Nazis leicht, sich auf die Romantik zu beziehen, was wiederum irgendwie an der Romantik liegen muss.

Georg Lukács (inzwischen Marxist) erklärte in einem Rundumschlag so gut wie alle nicht-marxistische deutsche Philosophie nach Hegel zu Vorläuferinnen der NS-Ideologie. In seinem 1954 veröffentlichten Werk *Die Zerstörung der Vernunft. Der Weg des Irrationalismus von Schelling zu Hitler* skizziert er die Charakteristika der romantischen Tradition:

»(1) Herabsetzung von Verstand und Vernunft, (2) kritiklose Verherrlichung der Intuition, (3) aristokratische Erkenntnistheorie, (4) Ablehnung des gesellschaftlich-geschichtlichen Fortschritts, (5) Schaffung von Mythen.«

Alle seine Vorwürfe hätte Lukács auch gegen die Märchen richten können. Hühnchen und Hähnchen und die Katze und die Dinge handeln irrational. Nämlich ohne Grund. Oder der Erzähler missachtet Verstand und Vernunft, indem er uns verheimlicht, warum Tiere und Dinge tun, was sie tun; das wäre dann noch schlimmer. Schließlich ist ein Erzähler immer auch ein Lehrer. Oder sollte es sein. Was für einen Sinn hätte eine Geschichte, wenn aus ihr nichts gelernt werden könnte? Und was für einen Sinn hätte eine Geschichte, die uns vorführen möchte, dass solche Grausamkeiten ohne Grund geschehen? – Dies ist die aufgeklärte Sicht auf Geschichte und Geschichtswissenschaft.

Mein Vater war bei Gott kein Marxist, und dass Schelling, Schleiermacher, Schopenhauer, Nietzsche und sogar Kierkegaard Vorläufer des Faschismus gewesen seien, hätte er als einen abstrusen Blödsinn bezeichnet; Lukács' Verurteilung der Romantik nach den genannten fünf Kriterien aber hätte er zugestimmt. Und er hätte, wäre er gefragt worden, ohne große Bedenken den Begriff »Romantik« gegen »Märchen« ausgetauscht.

Kunstwerke wie Märchen, sagst du – so hätte er den Disput begonnen –, kann ein Mensch nicht aus seinem Verstand heraus schaffen? Gut. Also woher kommen sie? Aus welchem Ur-Dunkel wabern sie zu uns herauf, dass sie sich den Fragen der Vernunft nicht stellen müssen? Du sagst, aus der Intuition kommen sie? – Ich hätte genickt, sehr vorsichtig und gefasst. – Und was ist das, die Intuition?, hätte er gefragt und sich gleich selber die Antwort gegeben: Ein Wort ist sie, die Intuition, mehr nicht. Ein Joker. Der eingesetzt wird, wenn man zu faul ist, einer Sache auf den Grund zu gehen. Zugegeben, hätte er weitergesprochen und gar nichts zugegeben, zugegeben, wir wissen nicht, was in einem Kopf vorgeht, wenn dort eine Symphonie komponiert oder ein Gedicht entworfen wird. Aber der Grund unseres Nichtwissens ist doch nicht, dass menschliche Schöpferkraft an sich etwas Mysteriöses ist, sondern schlicht, weil wir es nicht wissen. Noch nicht. Es gab eine Zeit, da wussten wir nicht, woher Blitz und Donner kommen oder warum Berge plötzlich Feuer speien. Vielleicht hängt das Bedürfnis, Gedichte zu schreiben, Symphonien zu komponieren, Bilder zu malen, mit dem aufrechten Gang zusammen, kann ja sein. Was dann? Die Zusammenhänge in der Biologie sind so komplex, da kann man nie wissen. – Und ich hätte geantwortet: Ist es denn immer gut, wenn wir wissen, woher etwas kommt? – Er hätte gekontert: Natürlich ist es gut! Darum sind wir auf der Welt, nämlich, um herauszukriegen, wie die Welt funktioniert. – Aber der Zauber ginge vielleicht verloren, hätte ich dagegengehalten. – Ach was, der Zauber!, hätte er ausgerufen und wäre im Zimmer auf- und abgegangen, in Achterschleifen. Der Zauber! Der Zauber ist völlig überschätzt! Wenn der Zauber die Funktion hat, etwas zu verschleiern, dann weg damit, weg damit!

Soweit zu Lukács' Kritikpunkten Nummer 1 »Herabsetzung von Verstand und Vernunft« und Nummer 2 »kritiklose Verherrlichung der Intuition«.

Weiter zu Nummer 3 – »aristokratische Erkenntnistheorie«: Auch in diesem Punkt hätte mein Vater Georg Lukács recht gegeben.

Ihr, hätte er gesagt, ihr meint, etwas Besonderes zu sein, wenn ihr die Augenbrauen ein wenig hebt und raunt, es gebe mehr zwischen Himmel und Erde, als die Schulweisheit sich träumen lässt, aber in Wahrheit seid ihr nur zu träge, ordentlich nachzudenken, weil ihr nämlich meint, die hinter eurer Intuition stehende höhere Instanz habe gerade euch den Löffel in die Hand gegeben, mit dem die Weisheit gefressen wird. Aristokratische Erkenntnis heißt, so hätte er Lukács' Begriff aufgenommen, der Herr gibt es den Seinen im Schlaf, und ihr meint, ihr seid die Seinen!

Aber ich sage dir, und er hätte mit seinem Zeigefinger gegen meine Brust geklopft, der Herr – gegen alle Macht der Aufklärung glaubte er an den Herrgott, allerdings auf seine Weise –, der Herr hat seine Wunder alle vor uns ausgebreitet, man braucht sie nicht in einem Jenseits oder einem Himmel und auch nicht in der Hölle zu suchen, die liegen hier, vor uns liegen sie. Ihr schaut sie nur nicht an. Muss man einem Tannenzapfen noch eine poetische Bedeutung überhängen, damit er über sich hinausweist, irgendwohin, von wo noch nie eine Antwort gekommen ist? Reicht es denn nicht, wenn er so ist, wie er ist? Schau ihn doch an! Einmal wenigstens! Die blaue Blume! Ja. Hat dein Novalis sich jemals Zeit genommen und sich niedergebeugt und eine Kornblume aus der Nähe betrachtet oder gar untersucht? Das Vergrößerungsglas draufgehalten? Hat er den Carl von Linné studiert? Ich nehme an, dazu war er sich zu fein. Er hat lieber die Abkürzung genommen und ist gleich zum Symbol gehüpft. Pflanze allein war ihm nicht genug, ha? Pflanze ohne Symbol war ihm wohl bloß Unkraut, ha? Es ist die ganze Naturwissenschaft nötig, um zu erkennen, was ein Tannenzapfen ist. Wenn ich der Herrgott wäre, ich würde die Naturwissenschaftler heilig sprechen und sonst niemanden. – Vielleicht hätte ich meinen Vater gefragt: Auch nicht die Historiker?

Nächster Punkt – Nummer 4: »Gegen den gesellschaftlichen Fortschritt«.

Auch hierin hätte mein Vater dem philosophischen Marxisten nicht widersprochen. Dein Märchen mit dem Hühnchen und dem Hähnchen, hätte er mich darauf hingewiesen, erzählt von einer Agrargesellschaft, wie sie erstens nie war, und zweitens hoffentlich nie wieder kommt. Du hast Angst, deine Gegenwart zu gestalten, und gestaltest dir stattdessen eine Vergangenheit, die mit der Historie nichts gemeinsam hat und die du nur konstruierst, um die Sache dadurch interessanter zu machen, dass zwischendurch Tiere die Rolle von Menschen übernehmen, was die Sache aber nur verunklart, was mich wiederum nicht wundert, denn schaut einer nur genauer hin, merkt er doch gleich, dass gar keine Sache da ist, es geht um nichts, oder worum geht es in diesem Märchen von dem Herrn Korbes genau genommen? Ich hab's nicht rausgekriegt. Und ich glaube niemandem, der behauptet, er hätte.

Schließlich Lukács' letzter Punkt – Nummer 5: Selbstverständlich sind Mythen schlecht, hätte mein Vater gesagt! Heute jedenfalls sind sie schlecht. Noch schlechter sogar als Märchen. Die tun wenigstens nicht so, als würden sie irgendeine Erkenntnis bringen. Vielleicht hatten Mythen in antiker Zeit ihre Berechtigung, als die Menschen meinten, die Geschichten von Achill und Theseus, von Pallas Athene und Zeus, von Odysseus und Penelope seien in der Lage, auf irgendetwas eine Antwort zu geben – ob es ein Leben nach dem Tod gibt oder woher der Blitz kommt oder ob ein Mann treu ist, wenn er nach zehn Jahren Irrfahrt, von denen er sieben Jahre bei einer gewissen Kalypso und zwei Jahre bei einer gewissen Kirke war, endlich doch zu seinem Eheweib zurückkehrt –, aber wir heute, wir haben die Naturwissenschaften und die historischen Wissenschaften und die Psychoanalyse, für uns heute sind Mythen nichts anderes als Lügen!

24

Und dann noch etwas – und wer weiß, vielleicht war das ja der wahre Grund, warum mein Vater auf Märchen so feindselig reagierte: Die Volkskunde, die wissenschaftliche Beschäftigung mit Märchen, Sagen, Mythen, war lange Zeit eine Domäne autoritärer, völkischer, rassistischer Gesinnung gewesen. Als man an Deutschlands Universitäten begann, die Nazizeit zu untersuchen – ich vermeide das Wort »aufarbeiten« –, erwies sich die Volkskunde als besonders belastet und stand unter schwerem Verdacht und war gegenüber allen Vorurteilen blank, schon allein wegen ihres Namens und in den meisten Fällen leider zu Recht. Sie war romantisches Erbe, und manche Historiker sind der Ansicht, in der Romantik habe die Wendung vom religiös motivierten Antijudaismus zum rassistischen Antisemitismus stattgefunden. Clemens Brentano und Achim von Arnim waren Mitglieder der *Deutschen Tischgesellschaft*, letzterer hatte sie mitbegründet, einer Gemeinschaft von Personen, deren erklärtes Ziel es war, Juden aus dem gesellschaftlichen Leben Preußens fernzuhalten. Erst 1812 waren Juden die Staatsbürgerrechte zugestanden worden. In Brentanos und Arnims Texten sind einige besonders widerliche Beispiele von Judenfeindlichkeit zu finden, ebenso bei Ernst Moritz Arndt. Äußerungen von Johann Gottlieb Fichte hören sich an, als wären es Zitate aus Hitlers *Mein Kampf*: »Fast durch alle Länder Europas verbreitet sich ein mächtiger, feindselig gesinnter Staat, der mit allen übrigen im beständigen Kriege steht, und der in manchen fürchterlich schwer auf die Bürger drückt; es ist das Judentum.«

Der bereits erwähnte Volkskundler Hans Naumann war einer der einflussreichsten in seiner Wissenschaft, er bewegte sich in dieser bösen Tradition, und er sah auch nach dem Krieg keine Notwendigkeit, sich davon zu distanzieren. Er hatte zum intellektuellen Flügel der Nationalsozialisten gehört, war als ein besonders Eifriger in der unter dem Wissenschaftsfunktionär Paul Ritterbusch geleiteten Aktion *Kriegseinsatz der Geisteswissenschaften* aufgefallen. Diese Vereinigung formulierte als ihr Anliegen die Errichtung einer »neuen geistigen Ordnung Europas«. Tatsächlich fünfhundert (!) Wissenschaftler hatten sich hier freiwillig zusammengefunden, ihr Motto war: »Neben dem besten Soldaten der Welt muss der beste Wissenschaftler der Welt stehen.« Da waren Männer dabei, die nach dem Krieg hochangesehen blieben, wie die Philosophen Hans-Georg Gadamer und Arnold Gehlen, der Altphilologe und Homer-Übersetzer Wolfgang Schadewaldt, der Germanist Benno von Wiese und der Staatsrechtler und Philosoph Carl Schmitt (der mir immer unheimlich gewesen war, nicht zuletzt deshalb, weil er so viele große und ganz und gar unverdächtige Männer in seinen Bann gezogen hatte – wie den Philosophen Hans Blumenberg).

Hans Naumann war maßgeblich an Bücherverbrennungen beteiligt, organisierte nicht nur, sondern war vor Ort anzutreffen, wo sich die neue geistige Elite nun auch symbolisch ihrer Konkurrenten entledigte, nachdem diese entweder von der SA bereits physisch erledigt worden oder vor der Erledigung geflohen waren. Nach dem Krieg wurde Naumann in Deutschland Lehrverbot erteilt. Dennoch hatten seine Ideen lange Zeit bestimmenden Einfluss auf die Volkskunde, bis in die sechziger Jahre hinauf.

Auch Naumanns Kollege André Jolles, den ich bereits zitiert habe, war Nationalsozialist. Für die Mythen- und Märchenforschung hat er zweifellos Großes geleistet, vor allem, was die Popularisierung dieses Wissenschaftszweiges betrifft. Er war Holländer, lebte in Deutschland und wurde bald nach Hitlers Wahl zum Reichskanzler Mitglied der NSDAP. Er nahm dafür den Bruch mit seiner Familie in Kauf, er war nicht nur ein opportunistischer Mitläufer, der auf seine Karriere achtete, er trat dem SD bei, dem *Sicherheitsdienst des Reichsführers SS*, und ließ sich Aufgaben zuteilen, die im Interesse der Nazis waren, wie eine »kritische« Darstellung der Freimaurerei. Dass er nach dem Krieg »nicht arrestiert wurde«, verdankte er seinem Alter.

Der Ruf der Volkskunde war also heillos beschädigt, eigentlich zerstört. Bald wurde der Name dieser Wissenschaft in Ethnologie umgeändert. In Verruf geraten war auch der Umgang mit Märchen. – Wer Märchen liebte, der machte sich verdächtig.

Von all dem wusste ich nichts, als ich mein Studium an der Philipps-Universität in Marburg begann.

25

Nie wäre mir in den Sinn gekommen, dass die Beschäftigung mit Märchen etwas Anrüchiges haben könnte. Ich hatte meinen Freunden am Gymnasium in Feldkirch in Vorarlberg nicht von meinem Steckenpferd erzählt; aber deshalb nicht, weil ich fürchtete, sie würden es kindisch finden, wenn sich einer für Märchen interessiert, und mich auslachen. Marburg war eine Hochburg der linken Studenten, Wolfgang Abendroth lehrte dort und Hans Heinz Holz, ich selbst war ein Linker und verstand mich, und das schon, seit ich den ersten politischen Gedanken in meinen Leben gefasst hatte, folgend dem Vorbild meiner deutschen Mutter, als Antifaschist. Und nun erfuhr ich, dass die Liebe zu Märchen, vor allem zu den Märchen der Brüder Grimm, also zu deutschen Märchen, mehr als bloß anrüchig war, sondern den Liebhaber ins äußerste rechte Eck rückte. Also legte ich die Märchen für einige Zeit beiseite.

Ich studierte Germanistik und »wissenschaftliche Politik«, wie in Marburg das üblicherweise »Politologie« oder »Politikwissenschaft« genannte Fach bezeichnet wurde. Auch die Brüder Grimm hatten hier studiert. Ich wusste, wo das Haus stand, in dem sie gewohnt hatten, ich konnte von meinem Fenster aus den Giebel sehen. Wenn ich über den Schlosssteig, wo mein Zimmer war, weiter in Richtung des Schlosses ging, kam ich am *Institut für Europäische Ethnologie/Kulturwissenschaft* vorbei. Dort lehrte Ingeborg Weber-Kellermann, eine bedeutende Folkloristin, die den Ruf hatte, die Volkskunde aus dem braunen Sumpf von Blut und Boden befreit zu haben. Manchmal habe ich in der Bibliothek des Instituts gesessen und ohne Plan Bücher aus den Regalen genommen und darin gelesen, nur um in mir ein *feeling* zu erzeugen, wie es wäre, wenn ich ...

Märchen studieren?

Ich hätte sehr gefinkelt argumentieren müssen, um nicht bei meinen Freunden unten durch zu sein. Und mein lieber Vater hätte die Hände über dem Kopf zusammengeschlagen.

Ich habe Frau Prof. Weber-Kellermann oft gesehen, wir haben uns gegrüßt, wenn wir uns auf dem Schlosssteig oder auf der »Herzinfarktstiege« begegneten. Ich glaube, sie hat mich mit jemand anderem verwechselt. Mit ihr gesprochen habe ich nicht. Das tut mir sehr leid. Ich hätte ihr von meinen Gefühlen erzählen wollen, die so angenehm-unangenehm waren, wann immer ich mir über das Schicksal des Herrn Korbes Gedanken machte ... Und vielleicht wäre es ihr gelungen, das Rätsel um dieses Märchen überschaubar zu gestalten.

26

Wer erinnert sich noch an die ersten Gewitternächte in seinem Leben, an die Furcht vor dem nächsten Blitz und an die ungeduldige Gier nach etwas, was gleich passieren könnte und was vielleicht nicht mehr gutzumachen wäre? Alles ist neu und kommt zu mir, um sich mir vorzustellen. Um mich in der Welt zu begrüßen. Um mir von der Welt zu erzählen. Es gibt Geister, manche meinen es gut, andere nicht. Es gibt auch einen Geist der Erzählung. Der sagt einem ein. Der spricht aus einem heraus. Man darf ihn nur nicht dabei stören. Man muss die Augen halb schließen und den Mund reden lassen. Nichts dazutun. Nicht die einen Sätze betonen und die anderen leise aussprechen, nicht die Augen rollen, wenn es spannend wird. Am besten, du tust, als wärest du gar nicht bei der Sache. Als wärest du gar nicht hier.

Dass Lust und Angst nahe beieinanderliegen, ist eine Erkenntnis, für deren Entdeckung und Erklärung die Psychologie viel Nachdenken aufgebracht hat. In

Mythen und Märchen ist dieser Effekt Standard quer durch alle Kulturen und Zeiten – längst vor Antiope, die sich von dem zotteligen, stinkenden, unheimlichen Satyr, in den sich Zeus verwandelt hat, nicht lösen konnte, weil er, ehe es ihr selbst bewusst war, durchschaute, dass sie sich nach solchen Angst einflößenden Gestalten gesehnt hatte, noch bevor sie ihm begegnet war.

Ich war ein Kind und besaß nicht die geeigneten Worte, folglich noch keine wehrhaften Gedanken, nur Ahnungen. Ich dachte: Gut, dass meine Großmutter bei mir ist. Was eine Absurdität war, denn sie war es ja, die mir die Märchen erzählte. Und eigentlich war es doch nicht absurd. Die Märchen erzählten sich aus ihrem Mund. *Sie machten sich von selbst* – darin sah Jacob Grimm, ohne literarisch zu werten, das Charakteristikum der »Naturpoesie« im Unterschied zur »Kunstpoesie«.

Die unbeteiligte, gleichgültige Art, wie meine Großmutter erzählte, legte den Gedanken nahe, sie sei lediglich das Medium. Es sprach aus ihr heraus. Ich durfte sie dabei nicht stören. Sie hatte die Augen halb geschlossen und ließ den Mund reden. Und der redete eintönig, er modulierte die Sätze nicht, und die Augen rollten nicht, wenn es spannend wurde. Sie fiel beim Erzählen in eine Art Trance; manchmal erinnerte sie sich hinterher nicht mehr, was in der Geschichte gespielt hatte. Das war mir unheimlich. Als hätte ein Geist Macht über sie.

Und doch hoffte ich im Sommer beim Schlafengehen, das Gewitter werde in der Nacht wieder losbrechen. Ich dachte es mir nicht als ein Ereignis, sondern tatsächlich als einen Dämon, der dauernd unterwegs war rund um die Erde und eben manchmal auch zu uns kam; ich glaubte sogar, er hatte mich im Auge, wobei ich keine Idee hatte, was ihn an mir interessieren könnte. Und einmal erlebte ich ein Wintergewitter mit Schneesturm und allem Drum und Dran, die Oberleitungen der nahen Eisenbahnlinie leuchteten grell auf, ich sah die Flocken aufwärts schneien, die Blitze waren als Blitze nicht zu erkennen, weil der Himmel ein einziges Schneegestöber war, das von innen her aufzuleuchten schien, ehe der Donner losbrach, auch er klang anders als im Sommer – nach Bär und Wolf und nicht, als zersplitterte ein Riesenbaumstamm im Himmel. In dieser Nacht erzählte mir meine Großmutter kein Märchen, sie betete. Das beruhigte mich, weil ich es langweilig fand. Sie betete den Rosenkranz. Es langweilte mich, immer die gleichen Worte zu hören. Was einen langweilt, ist harmlos. Ich schloss daraus, das Gewitter war harmlos.

Ich glaubte bald nicht mehr, dass der Gewitter-Dämon böse war. Er war nur laut. Ich hielt ihn für einen Choleriker. Bei Cholerikern kannte ich mich aus. Meine Mutter war so. Sie konnte blitzschnell in Wut geraten, dann griff sie nach einer Stuhllehne, rüttelte sie wie eine Irre und machte einen konsonantischen Lärm, der noch zwei Häuser weit zu hören war. Sie beschimpfte niemanden, niemand konnte verstehen, was sie von sich gab, es waren erfundene Worte, die hauptsächlich aus T, Sch, Z, R und Kr zu bestehen schienen. Der Anfall dauerte maximal drei, vier Minuten, dann war alles wieder wie davor. Einmal ist ein Stuhl kaputtgegangen. Wir, die wir sie kannten, haben während des Anfalls einfach abgewartet. Nachdem ich einige Gewitter erlebt hatte, ohne dass etwas passiert war, dachte ich, es ist so wie bei einem Anfall meiner Mutter, laut, aber harmlos, halt länger.

Eine gute Nacht wünschte mir meine Großmutter nicht. Sie sagte: »Jetzt ist es genug«, und ging hinaus. Küsse hat es keine gesetzt. Mit dem Finger gedroht hat sie und gesagt: »Du weißt schon, Freundchen, du weißt schon!« Und das war nur lieb gemeint.

Die Tiere und die Dinge tun sich zusammen, um einen Menschen zu liquidieren. Wir wissen nicht, warum sie das tun. Keine Großmutter kann ihrem Enkel die Augen borgen. Das wahrhaft Böse, das Bösartige, im Unterschied zum Böswilligen, das sich ja eventuell bekehren ließe, ist böse um seiner selbst willen; es braucht keinen Grund. Eine Welt, in der Handlungen isoliert von Motiven geschehen, eine Welt, in der es gar keine Motive gibt, keine Ursachen, keine Gründe, keine Wirkungen – so eine Welt ist nicht die Fortsetzung unseres Lebens hinein in eine Erzählung. In Dantes Inferno, der immer noch präzisesten Ausgestaltung und Inszenierung der Verdammnis, bleibt die Kausalität in Kraft, die Gesetzmäßigkeit von Ursache und Wirkung beweist in der Hölle nachgerade ihre Endgültigkeit. Die Strafe ist die Folge der bösen Taten, die bösen Taten sind die Ursache für die Strafen. Der Herr Korbes aber ist in eine Welt geraten, in der all dies nicht gilt und wahrscheinlich nie gegolten hat. Ist etwas Entsetzlicheres denkbar?

27

Ich habe vor kurzem mit Richard gesprochen. Er hat ein Leben als Volksschullehrer absolviert und ist inzwischen in Pension, er liebt seinen Garten und lacht gern. Wir stehen gern an seinem Gartenzaun, er drinnen, ich draußen, und plaudern miteinander. Er erinnerte sich gut an die Erzählnachmittage in unserem Nest, besonders an die späten Winternachmittage ...

»Auch an den Herrn Korbes?«

»An den auf jeden Fall.«

Wie er heute über ihn denke, fragte ich. Wie er über Hühnchen und Hähnchen, Ente und Ei, die Pferde-Mäuschen, die Katze, die Nähnadel und die Stecknadel, über das Handtuch und den Mühlstein denke. Ob er kein Mitleid mit dem Herrn Korbes gehabt habe.

Darüber müsse er nachdenken, sagte er.

Einige Tage später, als ich an seinem Haus vorbeiging, hielt er mich auf und sagte: »Ich habe mit meiner Frau darüber gesprochen, ich habe ihr das Märchen erzählt, wir kamen zu der Auffassung, Mitleid kann man nur mit seinesgleichen haben.« Als ich ihm das Märchen erzählt, und auch jetzt, als er es seiner Frau erzählt habe, damals habe er, jetzt sie, nicht zu den Menschen gehört, sondern zu den Tieren und den Dingen. »Meine Frau hat gesagt, ich soll dir Folgendes ausrichten: Wenn eine Tasse auf den Boden fällt und zerspringt, dann hat man ja auch kein Mitleid mit der Tasse. Wer da Mitleid hat, der hat ein Problem, der muss sich beim Psychiater einen Termin geben lassen. Also können wir nicht erwarten, dass eine Tasse mit uns Mitleid hat, zum Beispiel, wenn sie am Rand angeschlagen ist und wir uns an der Lippe verletzen. Mitleid haben Menschen mit Menschen und Tassen mit Tassen.«

»Welche Fassung vom Herrn Korbes hast du ihr erzählt?«, fragte ich.

»Die du mir erzählt hast.«

»Die, bei der einer nach dem anderen aus der Bande draufgeht?«

Eine andere Fassung kannte er nicht. »Besonders mit dem Mühlstein hat meine Frau Mitleid gehabt«, sagte er. »Auch dass er so früh draufgegangen ist.«

»Du meinst«, sagte ich, »während du ihr die Geschichte erzählt hast, war sie ...«

»... da war sie eine Verwandte vom Mühlstein, genau. Mühlstein hat Mitleid mit Mühlstein. So ungefähr. Ich bin nicht so der Märchenerzähler, weißt du ... Wenn du erzählt hättest, dann hätte sie wahrscheinlich geweint.«

»Du hast nie geweint, wenn ich erzählt habe«, sagte ich.

»Na ja, damals war ich ein Kind«, sagte er.

Ich hatte vergessen, wie ich den Mühlstein hatte sterben lassen. »Wie ist er denn draufgegangen?«, fragte ich.

Da lachte Richard nur und drohte mit dem Zeigefinger – wie es meine Großmutter getan hatte – *du weißt schon, Freundchen, du weißt schon ...*

28

Meine Großmutter hat immer erzählt; sie hat Anek-
doten erzählt, Märchen, Heimweherinnerungen, Ge-
hörtes, Gelesenes; ihre Träume hat sie mir erzählt,
Gerüchte hat sie weitergegeben, von Politik und Wissenschaft hat sie erzählt, soweit sie Politik und Wissenschaft in ihrer Gedankenwelt zugelassen hat. Aus
Tonfall und Gestik war für mich nicht zu erschlie-
ßen, ob es sich bei einer ihrer Geschichten um eine
wahre oder wahrscheinliche oder um eine unwahre,
also um ein Märchen oder einen Traum handelte
oder um eine glatte Lüge. Sie erzählte vom Herrn
Korbes wie vom Fräulein Montag. Dass jemand Montag hieß, war mir unwahrscheinlicher als der Name
Korbes. Also zweifelte ich am Fräulein Montag und
glaubte dem Bericht über den Herrn Korbes – wo-
rüber ich mich heute wundere, offensichtlich wog die
Unwahrscheinlichkeit eines Namens in meiner Beurteilung, ob etwas wahr oder falsch sei, mehr als
die Unwahrscheinlichkeit eines Geschehens. Was ge-

schieht, kommt irgendwoher, ich weiß nicht woher; Namen aber werden von Menschen erfunden. Und Menschen lügen bisweilen. Das *Irgendwoher* aber lügt nicht.

Ich war so weit weg vom Ideal eines aufgeklärten Menschen! Mein Vater wäre verzweifelt, hätte er auch nur einen Blick in meinen Kopf getan.

Während des Religionsunterrichtes und während der Sonntagsmesse war ich ein katholisch gläubiger Mensch; ich traute mich nicht, auf die Hostie zu beißen, und zweifelte nicht daran, dass die Muttergottes als Einzige im Himmel, wo doch nur Geister wohnten, in ihrem Körper herumspazierte. Im Umgang mit meinen Habseligkeiten war ich ein von Magie entzückter und bedrückter Mensch; ich redete mit meinem königsblauen Samtpullover, hatte ein schlechtes Gewissen gegenüber meinen alten Schuhen, wenn ich neue bekam, und legte in der Schublade mein Taschenmesser nicht neben meinen geliebten Füllhalter, weil ich mir gewiss war, dass sich die beiden nicht leiden konnten. Wenn ich den Geschichten meiner Großmutter zuhörte – und auch noch heute, wenn ich die Romane von Philip Roth lese oder von Stendhal oder Balzac oder Joseph Conrad oder Richard Ford oder die Kürzest-Geschichten meiner Frau Monika Helfer –, dann glaubte ich – und glaube ich – an den »Geist der

Erzählung«, wie ihn Thomas Mann am Beginn seines Romans *Der Erwählte* beschwört:

Wer läutet die Glocken? Die Glöckner nicht. Die sind auf die Straße gelaufen wie alles Volk, da es so ungeheuerlich läutet. Überzeugt euch: die Glockenstuben sind leer. Schlaff hängen die Seile, und dennoch wogen die Glocken, dröhnen die Klöppel. Wird man sagen, dass niemand sie läutet? – Nein, nur ein ungrammatischer Kopf ohne Logik wäre der Aussage fähig. »Es läuten die Glocken«, das meint: sie werden geläutet, und seien die Stuben auch noch so leer. – Wer also läutet die Glocken Roms? – Der Geist der Erzählung. – Kann denn der überall sein, hic et ubique, zum Beispiel zugleich auf dem Turme von Sankt Georg in Velabro und droben Santa Sabina, die Säulen hütet vom gräulichen Tempel der Diana? An hundert weihlichen Orten auf einmal? – Allerdings, das vermag er.

Der Geist der Erzählung lenkt die Schritte des Erzählers, und der Erzähler lenkt den Geist der Erzählung. – Franz Kafka zeigt uns, wie das geht. Und sorgt gleich schon mit dem Titel für Verwirrung:

Belustigungen oder Beweis dessen, daß es unmöglich ist zu leben.

Unbekümmert ging ich weiter. Weil ich aber als Fuß-gänger die Anstrengung der bergigen Straße fürchtete, ließ ich den Weg immer flacher werden und sich in der Entfernung endlich zu einem Tale senken.

Die Steine verschwanden nach meinem Willen und der Wind wurde still und verlor sich im Abend. Ich ging in gutem Marsch und da ich bergab ging, hatte ich den Kopf erhoben und den Körper gesteift und die Arme hin-ter dem Kopf verschränkt. Da ich Fichtenwälder liebe, ging ich durch Fichtenwälder und, da ich gerne stumm in den ausgesternten Himmel schaue, so gingen mir auf dem großausgebreiteten Himmel die Sterne langsam und ruhig auf, wie es auch sonst ihre Art ist. Nur wenige gestreckte Wolken sah ich, die ein Wind, der nur in ihrer Höhe wehte, durch die Luft zog.

Ziemlich weit meiner Straße gegenüber, wahrschein-lich durch einen Fluß von mir getrennt, ließ ich einen hohen Berg aufstehn, dessen Höhe mit Buschwerk be-wachsen an den Himmel grenzte. Noch die kleinen Verzweigungen und Bewegungen der höchsten Äste konnte ich deutlich sehn. Dieser Anblick, wie gewöhn-lich er auch sein mag, freute mich so, daß ich als ein kleiner Vogel auf den Ruten dieser entfernten struppi-gen Sträucher schaukelnd daran vergaß, den Mond auf-gehn zu lassen, der schon hinter dem Berge lag, wahr-scheinlich zürnend wegen der Verzögerung.

Kafka war ein wunderbarer Märchenerzähler! Was sind *Die Verwandlung, Ein Hungerkünstler, Ein Bericht für eine Akademie, Der Jäger Gracchus* oder *Blumfeld, ein älterer Junggeselle* anderes als Märchen? Eine Symbiose aus den Märchen der Brüder Grimm und Franz Kafka – diesem Leitbild habe ich als Märchenerzähler nachgeeifert und tu es bis heute.

Und eines Tages stellte mir meine Großmutter das Fräulein Montag vor. Leibhaftig. Sie wohnte in Coburg in der Malmedystraße, eine kleine zierliche Dame, die leicht lispelte und märchenweiße Hände, aber sonst nichts Märchenhaftes an sich hatte; die uns in ihrem Zimmer zu einer Tasse heißer Schokolade einlud und mich fragte, ob die Kuni – Abkürzung von Kunigunde, so hieß meine Großmutter – mir auch verraten habe, dass sie in der Schule nebeneinander gesessen und sich nicht ein einziges Mal gestritten hätten, außer einmal, »als die Kuni im Herbst '49 mit dem Herrgott gehadert hat«.

Von da an hielt ich alles für möglich ... – Was im Herbst '49 gewesen war, das wollte ich meine Großmutter immer fragen und habe es immer wieder vor mir hergeschoben, und dann ist sie gestorben, und das Fräulein Montag ist schon ein paar Jahre vor ihr gestorben, aber so gut kannte ich die Dame nicht, dass ich zu ihr hätte gehen und sie fragen hätte wollen, was sie gemeint habe ... Im Oktober 1949 bin ich geboren. Aber deswegen wird meine Großmutter doch nicht mit dem Herrgott gehadert haben ...

29

Es ist bemerkenswert und war für einen französischen Intellektuellen der nach-revolutionären Zeit sicher nicht leicht zu verstehen, dass die Deutschen sogar ihr Deutschtum zunächst nicht politisch definierten, sondern ästhetisch. Das Wahre, Gute und Schöne, womit die Bürger gleichsam als Überschrift und als ein in Stein gemeißeltes Programmheft die Eingänge zu ihren Theatern punzierten, waren eigentlich nicht drei Geistesbereiche, sondern einer, von drei verschiedenen Seiten aus betrachtet. Weder über den Kirchen, als Hüterinnen des Guten, noch über den Gerichtsgebäuden, in denen über das Wahre befunden wurde, kann man ähnliche Inschriften finden. Wer weder Kolonien besitzt noch irgendwelche politische Bedeutung, der wendet sich eben dem Schönen zu und erklärt es zu einem Reich des Inneren. Der berühmte Ausspruch Richard Wagners, »deutsch sein heißt, eine Sache um ihrer selbst willen tun«, hört sich wie ein Dekret an: Eine andere Definition von Deutschtum als eine ästhetische soll erst gar nicht versucht werden.

Wer die Hoheit über das Schöne besitzt, hat freien Zugriff auf die Seele. Die religiösen Instanzen begannen zu bröckeln, die Seele wanderte von der Ethik zur Ästhetik, wie Schiller von Württemberg nach Thüringen gewandert war. Die Deutschen waren vernarrt in die Seele. Die Seele als *Terra incognita* würde ein mehr als würdiger Ersatz für fehlende Kolonien sein. Und deshalb waren die Deutschen auch vernarrt in Märchen. Denn längst vor der Psychoanalyse ahnte man, dass auch die Märchen, ähnlich wie die Träume, aus der Seele kommen – die dann ja auch prompt von einem Juden entzaubert und mit dem wenig romantischen Namen das *Unbewusste* bedacht wurde (wobei festgestellt werden muss, dass Sigmund Freud nicht der Erste war, der diesen Begriff und dessen semantisches Umfeld verwendete; Friedrich Wilhelm Joseph Schelling hat ein halbes Jahrhundert vor ihm in seiner *Philosophie des Unbewussten* der Psychoanalyse eine Voraussetzung geschaffen, und Schelling war in seinen Anfängen von Fichte und der Romantik beeinflusst).

Im Haushalt meiner Eltern existierte Alkohol nicht. Ich kannte das Wort nur aus dem Medizinschrank – »Wundalkohol«. Zu Silvester wurde mit »Fruchtbowle« angestoßen. Die Aversion meines Vaters gegen Wein, Bier, Schnaps war ebenso absolut wie verdächtig. Alles, was auch nur geringfügig seine Kontrolle über auch noch die letzte Alltäglichkeit einschränkte, lehnte er ab. Ich habe ihn nie über Gefühle reden hören – oh doch, er hat schon über Gefühle gesprochen, aber so, als spräche er über andere. Nicht über andere Menschen, sondern über Außerirdische. Wenn Außerirdische Gefühle haben, dann braucht das uns Erdenbewohner nicht peinlich zu sein. Außerirdische haben Mitleid mit Außerirdischen. Alkohol, so vermutete er – oder wusste er –, öffnet die Schleusen. Und dann strömen sie aus, die Gefühle und die Geister, auch der Geist der Erzählung, und niemand kann sie mehr kontrollieren. Das Überich-Ich-Es-Schema von Sigmund Freud hat meinem Vater gepasst, genau so sah er den Menschen aufgebaut. Dass Sigmund Freud, der alte Mythomane, dieses Schema aus einem weitverbreiteten Märchenmotiv abstrahiert hat, spielte dabei keine Rolle, im Gegenteil: Dieser Mann wusste, wovon er redete – wie König Blaubart:

Du darfst überall im ganzen Schloss umhergehen und aufschließen und besehen, was Du willst; nur die eine Tür, zu welcher dieser kleine goldene Schlüssel gehört, die darfst du, so dein Leben dir lieb ist, nicht aufschließen!

Die Einsicht, dass Freuds Seelen-Schema gültig sei, konnte doch nur eine Konsequenz haben, nämlich, dass daraus die Lehre gezogen wurde, alles, aber auch gar alles zu vermeiden, was dieses Ding, das Es, aus dem Keller lockt. Das Es wird gefürchtet, dafür gibt es bei Gott Grund genug. Aber man schämt sich auch dafür. Es ekelt einen davor. Es ist peinlich.

Die Märchen – so vermute ich, dass mein Vater dachte – kommen aus dem Keller. *Dort machen sie sich von selbst.* Gerade daran erkennt man sie. *Dort brauen sie sich zusammen.* Und selbstverständlich waren auch Träume, die eigenen wie die der anderen, meinem Vater peinlich.

30

Heinrich Heine – der war auch ein Romantiker, wenngleich ein später und einer ganz in seiner besonderen Art. Ihn liebte mein Vater. Seine Gedichte las er laut vor. Ihn durfte man lieben. Ja, ihn zu lieben, fällt nicht schwer. Und wer ihn nicht mag, der kann mir den Buckel runterrutschen. Zum Beispiel Karl Kraus, der hat es sich bei mir für immer verdorben wegen seines Aufsatzes *Heine und die Folgen*; der hatte dem Dichter vorgeworfen, er habe sich der französischen Sprache, die eine Hure sei, ans Dekolletee gedrängt. Heinrich Heines Freunde sollen meine Freunde sein. Jacob Grimms *Deutsche Grammatik* nannte er »ein kolossales Werk, einen gotischen Dom«; er glaube nicht, dass er dieses Werk allein geschrieben habe, sagte er, es müsse ihm der Teufel dabei geholfen haben. Ein größeres Kompliment aus dem Mund dieses Dichters ist nicht zu erwarten.

Um Luft zu holen, zitiere ich das *Lied von der Loreley* – ein bisschen ein Märchen, ein bisschen eine Sage und keines von beiden, romantisch auf jeden Fall und sehr deutsch:

Ich weiß nicht, was soll es bedeuten,
dass ich so traurig bin;
ein Märchen aus alten Zeiten,
das kommt mir nicht aus dem Sinn.

Die Luft ist kühl und es dunkelt,
und ruhig fließt der Rhein;
der Gipfel des Berges funkelt
im Abendsonnenschein.

Die schönste Jungfrau sitzet
dort oben wunderbar;
ihr goldnes Geschmeide blitzet,
sie kämmt ihr goldenes Haar.

Sie kämmt es mit goldenem Kamme
und singt ein Lied dabei;
das hat eine wundersame,
gewaltige Melodei.

Den Schiffer im kleinen Schiffe
ergreift es mit wildem Weh;
er schaut nicht die Felsenriffe,
er schaut nur hinauf in die Höh.

Ich glaube, die Wellen verschlingen
am Ende Schiffer und Kahn;
und das hat mit ihrem Singen
die Lore-Ley getan.

31

Ich befand mich und befinde mich noch immer in einem Argumentationsnotstand. Eigentlich konnte ich die Romantiker nie leiden. Ihre Haltung fand ich hysterisch und gekünstelt, schlimmer: Sie taten, als ob sie hysterisch wären (das Wort hatte noch nicht sein spezifisches Gewicht entwickelt, das war erst um die Wende vom 19. zum 20. Jahrhundert der Fall, als die Symptome Mode wurden, das heißt, als sich die Romantik bis zum Dandy und seiner Freundin durchgesprochen hatte); sie taten, *als ob* ihnen ein drittes inneres Ohr gewachsen wäre, mit dem sie das Geraune des Mysteriums des Seins zu hören in der Lage wären; sie taten, *als ob* sie als Einzige begreifen könnten, was wahre, echte, ehrliche Dichtung sei. *Sie taten, als ob*. Gnädigerweise wird dieser Schummel romantische Ironie genannt. Dezidiert möchte ich die Brüder Grimm von meiner Kritik ausnehmen. Sie sind mit niemandem ihrer Zeit vergleichbar, ähnlich wie auch Goethe mit niemandem vergleichbar ist; die einen der Romantik, den anderen der Klassik zuzuordnen, sind hilflose Versuche von Kästchenschieberei angesichts der Überdimensionalität. Sie waren deutscher, als alle anderen zusammen deutsch waren, und stehen zugleich für die ganze Menschheit.

Dass alle Versuche, einen geschlossenen Nationalcharakter zu bestimmen, früher oder später in der Diffamierung anderer münden, wird bei Wagner deutlich. In dem Aufsatz *Was ist deutsch?* teilt er zu und aus: Der Pole und der Ungar haben »nicht den Wert verstanden, welchen eine volkstümliche Entwicklung der Gewerbetätigkeit und des Handels für das eigene Volk haben würde: der Jude zeigte es, indem er sich den verkannten Vorteil aneignete«. Der Jude, weil er selbst keine Seele hat, macht aus derselben einen merkantilen Gegenstand, der ein Surplus abwirft.

Seele contra Geld – darauf läuft es hinaus. Man wollte beides nicht sein – nicht dumm wie Pole und Ungar, aber auch nicht gierig wie der Jude.

Schon bevor die Beschäftigung mit dem Märchen richtig begann, die wissenschaftliche Beschäftigung wie die poetische, war der Gegenstand bereits so angepatzt, dass vernünftig humanistisch denkende Menschen die Finger davon ließen. Das Märchen war in den Dienst gestellt von jenen, an die ich nicht einmal anstreifen mochte. Heinrich Heines *Lied von der Lore-ley* druckten die Nazis in ihren Schulbüchern ab – sie verfuhren umgekehrt wie so viele Märchensammler: Sie wussten, wer der Autor war, nämlich ein Jude, und schrieben deshalb unter die Verse: »Verfasser unbekannt.«

Was sollte ich mit meiner Liebe anfangen?

32

Der erwähnte Widerspruch – mit neuem selbstbewussten französischen Geist gegen die französische Macht – spiegelt sich auch in den frühen Märchenarbeiten der Grimms wider. Sie wollten in der deutschen Geschichte das Eigene finden, aus dem Deutschland genug Selbstbewusstsein schöpfen könnte, um sich in Europa neben Frankreich zu behaupten – wenn schon nicht politisch, dann wenigstens auf geistigem Gebiet. Oder sollte man sagen: auf seelischem Gebiet? Der Seele war mit Uniform und Stiefel nicht und auch nicht mit der Marseillaise beizukommen. Sie war ein luftiges Ding, das sich in Metaphern und Symbolen ausdrückte, ein Degen ging durch sie hindurch, ohne ihr etwas anzuhaben. Die Märchen aber waren Spuren der Seele. Um diese Spuren zu lesen, musste man Geduld und Feinsinn aufbringen. Die Seele war das große, brachliegende Kapital der Deutschen.

In der Vorrede zum ersten Band der *Kinder- und Hausmärchen* schreiben die Grimms noch: »Alles ist

(...) nur in Hessen und den Main- und Kinziggegenden, in der Grafschaft Hanau, wo wir her sind, nach mündlicher Überlieferung gesammelt.«

Das erweckte den Eindruck – und *sollte* den Eindruck erwecken –, dass sie Feldforschung betrieben hätten, dass sie, mit einem Gehpult umgehängt – ihr Bruder Ludwig, der Zeichner und Maler, soll angeblich ein solches besessen haben –, über die Felder gewandert seien und Ausschau nach Hirten und Müllerstöchtern gehalten, und wenn gefunden, die gefragt, wisst ihr ein Märchen?, und dann wortgetreu mitgeschrieben hätten.

Heinz Rölleke desillusioniert uns: »Jacob und Wilhelm Grimm haben sich so gut wie alle Märchen in ihrer Kasseler Wohnung erzählen lassen«, berichtet er in einem Interview in der ZEIT. »Aus eigenen Jugenderinnerungen konnten weder sie noch ihre Geschwister auch nur ein einziges zur Sammlung beisteuern ... Ganz im Geist der Romantik wollten die Grimms den Eindruck erwecken, ihre Märchen seien Produkte des Volkes und kollektiv überliefert.«

Und wer hat ihnen erzählt? Anfänglich Marie, Amalie und Jeanette Hassenpflug, selbst noch halbe Kinder, und dann auch die Kinder des Apothekers Wild. Dorothea Wild, »Dortchen« genannt, und Wilhelm Grimm haben sich übrigens ineinander verliebt und haben dann auch geheiratet und sind beieinander geblieben, bis sie gestorben sind ...

Nun aber: Sowohl die Hassenpflugs als auch die Wilds waren Hugenotten und stammten aus Frankreich, und in nicht wenigen ihrer Erzählungen finden sich Passagen, die wörtlich mit Abschnitten aus der Märchensammlung *Contes de Fées* von Charles Perrault übereinstimmen. Die hatte der französische Dichter und Märchensammler hundertfünfzig Jahre zuvor niedergeschrieben. In seiner Sammlung waren Stücke wie *Dornröschen, Rotkäppchen, Blaubart, Der gestiefelte Kater* und *Aschenputtel* – für uns heute klassische Märchen der Brüder Grimm. Später erfuhren Jacob und Wilhelm von diesem Umstand – nämlich, dass sie, um gegen die Franzosen deutsche Identität zu errichten, aus Versehen französische Märchen als hessische ausgegeben hatten. Einige Geschichten haben sie aus ihrer Sammlung entfernt, später aber wieder hinzugefügt.

Heinz Rölleke weist übrigens darauf hin, dass fast alle Titel der Bücher, die Jacob Grimm geschrieben hat, das Wort »deutsch« enthalten – *Die deutsche Grammatik, Deutsche Sagen, Deutsche Rechtsaltertümer, Das deutsche Wörterbuch* – bei den Märchen aber wurde auf dieses Attribut verzichtet. Die Grimms wussten warum.

Jacob und Wilhelm erkannten wohl sehr bald, dass die Seele sich nicht nach Nationen zurechthacken ließ und dass die Märchen sich nicht darum scherten, wer sie wo, wann und wem erzählte. Sie sprachen es nicht aus, aber ich vermute, zuletzt war ihnen bei der Auswahl schlicht entscheidend, ob eine Geschichte gut war oder nicht. Vielleicht hätte Jacob das eine oder andere mindere Exemplar aufgenommen, wenn es als Beleg für eine These eben exemplarisch gewesen wäre; Wilhelm aber wollte, dass die Märchen gelesen und vorgelesen und angehört wurden, und kein anderes Argument würden Erzähler und Zuhörer gelten lassen als ihren Genuss, und den konnte ein Stück nur aus sich selbst heraus bieten und keine Erklärung von außen.

Von nun an nahmen es die Brüder nicht mehr so genau. Die Märchen waren ihnen wertvoller als die Nation, zu deren Erhebung und Sanktionierung sie hätten dienen sollen. – Wie sympathisch! – Auf Giambattista Basile und sein *Pentameron* als Quelle habe ich schon hingewiesen; das Märchen von *Cenerentola* ist die Urversion von *Aschenputtel* (KHM 21), *Petersilie* eine frühe *Rapunzel*-Variante (KHM 12), die Geschichte *Die Bärin* eine *Allerleirauh*-Variante (KHM 65). Aus *Penta mit den abgehackten Händen* haben die Grimms eines ihrer schrecklichsten Märchen geformt, *Das Mädchen ohne Hände* (KHM 31).

Hundert Jahre vor Basile veröffentlichte in Venedig Giovanni Francesco Straparola seine Märchen- und Schwänkesammlung *Le Piacevoli notti*. Den Brüdern Grimm lag eine deutsche Übersetzung vor, *Die ergötzlichen Nächte*. Darin wird auch die Geschichte von dem schlauen Cassandrino erzählt, sie diente als Vorlage für *Der Meisterdieb* (KHM 192). Johannes Bolte und Georg Polívka, die drei dicke Wälzer mit Kommentaren zu den Märchen der Brüder Grimm und deren Quellen verfasst haben, listen zu *Der Meisterdieb* auf über achtundzwanzig eng beschriebenen, absatzlosen Seiten auf, wo überall sich Motive dieser Erzählung finden, aber nicht nur Motive, sondern bis in Einzelheiten hineinreichende parallele Geschichten – die Funde führen vom Oberwallis bis ins Schwabenland, von Vorarlberg über Niederösterreich bis ins Siebenbürgische, von Ostpreußen in die Niederlande, nach Schweden, Norwegen, Island, Schottland, nach Frankreich; aus Malta wird ein Märchen gemeldet, das heißt *Der Meister der Diebe*, sein Inhalt deckt sich mit der Geschichte von Straparola, wer von wem hat, kann nicht mehr entschieden werden; aus Schlesien wird von einem Dieb berichtet, der als Beweis für seine Kunst die Tochter des Königs aus der Hölle befreit; in Ungarn erzählt man von einem Meisterdieb, der in der Hölle nachsehen soll, was für ein Bett dort auf den

König wartet, und der bei dieser Gelegenheit dem Teufel ein paar hübsche Seelen klaut; im Weißrussischen wird dem Meisterdieb die Aufgabe gestellt, in der Hölle eine Kirche zu bauen; in Estland berichtet man von einem Dieb, dem das gestohlene Geld an den geteerten Schuhsohlen klebt – was wiederum einen Vorläufer in den *Märchen aus Tausendundeine Nacht* hat; aus Indien hören wir von einem Schlawiner, der seinem eigenen Vater mitten im Ritt das Pferd unter dem Hintern wegstiehlt; die Roma erzählen von einem Meisterdieb, der nachts Krebse mit aufgeklebten Kerzen über den Kirchhof laufen lässt, die der Pfarrer für die Seelen Verstorbener hält, was ihn ablenkt, so dass er nicht auf den Opferstock achtet ...

Bereits Ende des 18. Jahrhunderts hatte der Homer-Übersetzer Johann Heinrich Voss in sechs Bänden *Die tausend und eine Nacht arabische Erzählungen* in seiner Übertragung aus dem Französischen herausgegeben; das heißt, zu diesem Schatz des Orients hatten die Grimms ebenfalls Zugang – und sie haben sich bedient. Die Geschichte vom *Simeliberg* (KHM 142) ist eine nur wenig vom Original abweichende Variante von *Ali Baba und die vierzig Räuber*, grad dass es sich nicht um vierzig, sondern um zwölf handelt, und dass statt »Sesam, öffne dich!« das Zauberwort lautet: »Berg Semsi, Berg Semsi, tu dich auf!« Als Vorlage seiner – recht freien – Übersetzung diente Voss *Les mille et une nuits* von Antoine Galland, dem es zu verdanken ist, dass die neben den Märchen der Brüder Grimm berühmteste Sammlung nach Europa gelangte, und der mit seinen Büchern einen wahren Orient-Boom in Frankreich auslöste. Aber auch in diesem Fall kann von »Werktreue« nicht die Rede sein – ausgerechnet die beliebten Geschichten von *Sindbad, dem Seefahrer,* und *Aladin und die Wunderlampe* und – ja, auch – *Ali Baba und die vierzig Räuber* hatte Galland seiner arabischen Vorlage hinzugefügt, die stammten aus anderen Quellen. Und warum hat er das getan? Weil die Geschichten so gut waren. Warum denn sonst!

33

Als Student begann ich, Märchenbücher zu sammeln. Wobei ich keinen Wert auf akademische Unterscheidungen legte – ob Märchen oder Sage oder Legende oder märchenhafte Novelle oder Schwank. Da waren dabei das *Heptaméron* der Königin Margarete von Navarra, eine Mischung aus deftigen Geschichten, in denen es oft um Scheißen, Furzen und Stinken ging, plus erbauliche Frömmlereien, die sich an die Geschichten anschlossen; weiter die *Canterbury Tales* von Geoffrey Chaucer, geschrieben im 14. Jahrhundert, die von einer Pilgergruppe handeln, die sich den Weg nach London damit verkürzt, dass Geschichten erzählt werden; als Preis für die beste Geschichte gibt es eine Gratismahlzeit, quer durch alle gesellschaftlichen Schichten wird berichtet; weiters die Exempelsammlung *Gesta Romanorum*, aus der sich viele Dichter, unter anderen Shakespeare und George Bernard Shaw, bedient haben; dann die *Legenda aurea* des Genueser Erzbischofs Jacobus de Voragine, das erste Kompendium von Heiligengeschichten; selbstverständlich war dabei das *Dekameron* von Boccaccio; ferner eines meiner liebsten Bücher, die *Metamorphosen* des Ovid, aber auch *Der goldene Esel* von Apuleius mit der Geschichte von *Amor und Psyche*; als Ergänzung zu den *Märchen aus Tausendundeine Nacht* besorgte ich mir das *Papageienbuch Tuti-Nameh*, in dem ein Papagei um sein Leben erzählt, denn wenn er nicht verhindert, dass die Kaufmannsfrau ihren Liebhaber besucht, dann schneidet ihm der Kaufmann bei seiner Rückkehr von einer Geschäftsreise die Kehle durch, weswegen er, ähnlich wie Scheherazade in *Tausendundeine Nacht*, seine Geschichten so spannend halten und dramaturgisch so geschickt aufbauen muss, dass sie jedes Mal den Termin versäumt. Nicht fehlen durften auch die erwähnten *Ergötzlichen Nächte* von Giovanni Francesco Straparola.

In Antiquariaten erstand ich schöne alte Ausgaben der Märchen von Johann Karl August Musäus und Ludwig Bechstein; auch einen Band des »russischen Grimm« Alexander Afanassjew fand ich sowie die *Irischen Elfenmärchen* von Thomas Crofton Croker, die Jacob und Wilhelm Grimm ins Deutsche übersetzt hatten. Empfehlen möchte ich doch auch die gesammelten griechischen und albanischen Märchen von Johann Georg von Hahn.

Die Märchen von Wilhelm Hauff, die dieser merk-würdige Dichter in seinem kurzen Leben erfunden hat, die mag ich sehr, besonders *Zwerg Nase*, und natürlich mag ich Hans Christian Andersen, obwohl ich mich manchmal über ihn geärgert habe, weil er so tyrannisch den Tränen befiehlt zu fließen. Zu der *Das Märchen* genannten Geschichte von Goethe aus der Novellen-sammlung *Unterhaltungen deutscher Ausgewanderten* konnte ich leider bis heute keinen Zugang finden. Ich bemühe mich weiter.

Eine fürwahr märchenhafte Erscheinung ist Elsa Sophia Kamphoevener. Die Schriftstellerin, sie ist 1963 gestorben, erfand sich ein abenteuerliches Leben; als Mann verkleidet habe sie in ihrer Jugend zu Pferd den Orient bereist und sich Märchen erzählen lassen; über vierhundert habe sie jederzeit repetieren können. Zusammengefasst sind ihre Geschichten in den drei Bänden *An den Nachtfeuern der Karawan-Serail*.

Immer wieder verliere ich mich in den Sammlun-gen von Micha Josef Bin Gorion *Die Sagen der Juden* und *Der Born Judas*, die uns in fünf bzw. sechs Bän-den vorliegen. Allein was Bin Gorion an apokryphen Geschichten über Moses zusammengetragen hat, er-reicht den Umfang des ganzen Alten Testaments. Wir sehen, dass es der Figur des jüdischen Gründervaters ähnlich erging wie Herakles, nämlich dass alle mög-

lichen kleineren Helden zugunsten dieses großen aufgegeben und ihre Taten dem einen angehängt wurden,
so dass die Gefahr drohte, dass er sich ins Uferlose und
Beliebige ausdehnte.

Einen besonderen Schatz hinterließ uns Milena
Hübschmannová, die tschechische Tsiganologin, mit
ihrer Sammlung *Zigeunermärchen aus aller Welt*, die in
vier prallen Bänden vorliegt. Wir können hier mitver-
folgen, wie Märchen mündlich und aus der Improvisa-
tion entstanden und wie sich die Mündlichkeit auf die
Dramaturgie auswirkte. Viele dieser Geschichten sind
nur im Verbund verständlich; das heißt, es wurde jeden
Abend erzählt – »… und dann und dann und dann …«
–, die einzelnen Stücke waren in sich nicht abgeschlossen, eines hängte sich wie ein Glied einer Kette
in das nächste – wie sich ein Tag an den nächsten an-
schließt –, die Erzähler und Erzählerinnen wechsel-
ten, übernahmen aber Personen und Handlungen von
ihren Vorgängern, ließen Handlungsstränge versi-
ckern, verabschiedeten oder vergaßen Personen, führten neue ein. So entstanden Sagas, die – wie das Leben
– sich nicht von Forderungen nach Einheit der Handlung, der Zeit und der Personen einschränken ließen.
Man kann sich gut denken, wie manche »Serien« sich
über Wochen, Monate, vielleicht sogar Jahre hinzogen
und wie durch den ständigen Wechsel der Erzähler so

etwas wie ein kollektives Narrativ entstand. – Die Leistung von Frau Hübschmannová sollte mehr gewürdigt werden!

Ein Projekt, dass es verdiente, in das Weltkulturerbe eingereiht zu werden, sind *Die Märchen der Weltliteratur*, die seit 1912 vom Verlag Eugen Diederichs herausgegeben wurden. Die Reihe ist inzwischen eingestellt. Insgesamt sind über hundertfünfzig Bände erschienen. In der Sammlung finden sich *Chinesische Märchen, Russische Volksmärchen, Kaukasische Märchen, Märchen aus Turkestan und Tibet, Türkische Märchen, Bretonische Märchen, Nordamerikanische Indianermärchen, Indonesische Märchen, Märchen aus der Karibik* ... und ... und ... und ...

Dann Christoph Martin Wieland – er ist ein Sonderfall.

Meinem Vater war Geraune in jeglicher Tonart zuwider, aber wie Wieland mit Märchen umging, dagegen hätte er nichts einzuwenden gehabt. Ich hatte dagegen einiges einzuwenden; aber den Vorwurf, Wieland habe wie Brentano und Arnim unter dem Geraune von pseudo-mystischen Druidensprüchen die Märchen als Bröckchen für seine eigene Suppe verwendet, diesen Vorwurf kann man ihm nicht machen.

Wieland stellte fest, dass der Mensch ebenso eine Neigung zum Wunderbaren wie zur Wahrheit habe;

da ihm, dem Aufklärer, aber nur an letzterer gelegen war, sollten, meinte er, Autoren Märchen wie einen »Liquor« verwenden, der »die bittere Arzenei«, eben die Wahrheit, genießbar macht. Allein diese Absicht legitimiere die Beschäftigung mit dem Märchen.

»Ammenmärchen, im Ammenton erzählt, sind nicht wert, erzählt zu werden.«

Als Probe aufs Exempel legte er seine Sammlung *Dschinnistan* vor, in der sich zwei Märchen befinden, deren Plots er aus französischen Feenmärchen zog, die schon im Original satirisch aufklärerische Ziele verfolgt hatten. Das Wunderbare wird in den Geschichten als bloßer Schein entlarvt und zünftig verspottet. In *Der Stein der Weisen* wird von einem König berichtet, der mithilfe magischer Rituale Reichtum erwerben möchte, dabei an Betrüger gerät, die ihn ausnehmen, bis er endlich einsieht, dass nur ein Weg zu Wohlstand und Glück führt, nämlich sinnvolle Arbeit. Es wäre nicht eine Dichtung von Wieland, wenn der idyllische Schluss nicht ebenso ironisch zu verstehen wäre.

Mit solcher Märchendichtung wäre mein Vater wohl einverstanden gewesen. Daran hätte er nichts Peinliches gefunden. Der Verstand kann sich vielleicht irren, aber auch der gewaltigste Irrtum des Verstandes kann korrigiert werden, die Folgen mögen vielleicht fatal sein, peinlich sind sie nicht.

34

Wie Achim von Arnim und Clemens Brentano mit Märchen umgegangen waren, gefiel mir, wie schon mehrfach angedeutet, überhaupt nicht. Besonders Brentano löste Widerwillen in mir aus.

Nachdem Jacob und Wilhelm Grimm die erste Fassung der *Kinder- und Hausmärchen* herausgegeben hatte, meinte Brentano darüber urteilen zu müssen – und in seinem Urteil kommt alle Verachtung zum Ausdruck, die er in Wahrheit für diese Gattung empfand:

Ich finde die Erzählung äußerst liederlich und versudelt und in manchem dadurch sehr langweilig. (...) Will man ein Kinderkleid zeigen, so kann man es mit aller Treue, (...) an dem alle Knöpfe heruntergerissen, das mit Dreck beschmiert ist, und wo das Hemd den Hosen heraushängt. Wollten die frommen Herausgeber sich selbst genug tun, so müssten sie zu jeder Geschichte eine psychologische Biografie des Kindes oder des alten Weibs, das die Geschichte so oder so schlecht erzählte, voran-

setzen und ich könnte z. B. wohl zwanzig der besten
aus diesen Geschichten auch getreu, und zwar viel bes-
ser oder auf ganz andere Art schlecht erzählen (...) Ich
habe bei diesem Buch recht empfunden, wie durchaus
richtig wir beim Wunderhorn verfahren, und dass man
uns höchstens größeres Talent hätte zumuten können;
denn dergleichen Treue, wie hier in den Kindermärchen,
macht sich sehr lumpig.

Die Märchen der Brüder Grimm waren Clemens Brentano zu wenig *wahr*, zu wenig *gut* und zu wenig *schön*.
– Ach, Brentano, wenn du dem Wilhelm auf der Schulter sitzt, reichst du ihm nicht bis zum Kinn.

    Dann möchte ich doch, um den Beweis anzutreten,
ein Stück von Clemens Brentano zitieren – den Anfang
des Märchens *Gockel, Hinkel und Gackeleia*:

In Deutschland in einem wilden Wald, zwischen Geln-
hausen und Hanau, lebte ein ehrenfester bejahrter
Mann, und der hieß Gockel. Gockel hatte ein Weib, und
das hieß Hinkel. Gockel und Hinkel hatten ein Töchter-
chen, und das hieß Gackeleia. Ihre Wohnung war in
einem wüsten Schloss, woran nichts auszusetzen war,
denn es war nichts darin, aber viel einzusetzen, nämlich
Thür und Thor und Fenster. Mit frischer Luft und Son-
nenschein und allerlei Wetter war es wohl ausgerüstet,

denn das Dach war eingestürzt und die Treppen und Decken und Böden waren nachgefolgt. Gras und Kraut und Busch und Baum wuchsen aus allen Winkeln, und Vögel, vom Zaunkönig bis zum Storch, nisteten in dem wüsten Haus. Es versuchten zwar einigemal auch Geier, Habichte, Weihen, Falken, Eulen, Raben und solche verdächtige Vögel sich da anzusiedeln, aber Gockel schlug es ihnen rund ab, wenn sie ihm gleich allerlei Braten und Fische als Miete bezahlen wollten.

Einst aber sprach sein Weib Hinkel: »Mein lieber Gockel, es geht uns sehr knapp, warum willst du die vornehmen Vögel nicht hier wohnen lassen? Wir könnten die Miete doch wohl brauchen, du lässt ja das ganze Schloss von allen möglichen Vögeln bewohnen, welche dir gar nichts dafür bezahlen.« – Da antwortete Gockel: »O du unvernünftiges Hinkel, vergisst du denn ganz und gar, wer wir sind, schickt es sich auch wohl für Leute unserer Herkunft, von der Miete solches Raubgesindels zu leben? – und gesetzt auch, Gott suchte uns mit solchem Elende heim, dass uns die Verzweiflung zu so unwürdigen Hilfsmitteln triebe, – was doch nie geschehen wird, denn eher wollte ich Hungers sterben, – womit würden die räuberischen Einwohner uns vor Allem die Miete bezahlen? Gewiss würden sie uns alle unsre lieben Gastfreunde erwürgt in die Küche werfen, und zwar auf ihre mörderische Art zerrupft und zerfleischt. Die freund-

*lichen Singvögel, welche mit ihrem unschuldigen Ge-
zwitscher unsre wüste Wohnung zu einem herzerfreu-
enden Aufenthalte machen, willst du doch wohl lieber
singen hören, als sie gebraten essen? Würde dir das
Herz nicht brechen, die allerliebste Frau Nachtigall, die
trauliche Grasmücke, den fröhlichen Distelfink, oder
gar das liebe treue Rotkehlchen in der Pfanne zu rösten,
oder am Spieße zu braten, und dann zuletzt, wenn sie
alle die Miete bezahlt hätten, nichts als das Geschrei und
Gekrächze der gräulichen Raubvögel zu hören? Aber
wenn auch alles dieses zu überwinden wäre, bedenkst
du dann in deiner Blindheit nicht, dass diese Mörder
allein so gern hier wohnen möchten, weil sie wissen, dass
wir uns von der Hühnerzucht nähren wollen? Haben
wir nicht die ehrbare Stamm-Henne Gallina jetzt über
dreißig Eiern sitzen, werden diese nicht dreißig Hühner
werden, und kann nicht jedes wieder dreißig Eier legen,
welche es wieder ausbrütet zu dreißig Hühnern, macht
schon dreißig mal dreißig, also neunhundert Hühner,
welchen wir entgegensehen? O du unvernünftiges Hinkel! und zu diesen willst du dir Geier und Habichte ins
Schloss ziehen? Hast du denn gänzlich vergessen, dass
du ein edler Sprosse aus dem hohen Stamme der Grafen
von Hennegau bist, und kannst du solche Vorschläge
einem geborenen leider armen, leider verkannten Rau-
grafen von Hanau machen? Ich kenne dich nicht mehr!*

– O du entsetzliche Armut! ist es denn also wahr, dass du auch die edelsten Herzen endlich mit der Last deines leeren und doch so schweren Bettelsackes zum Staube nieder drückest?«

Ein Kinderkleid, *an dem alle Knöpfe heruntergerissen, das mit Dreck beschmiert ist, und wo das Hemd den Hosen heraushängt* – nein, so ein Kleid ist das Märchen von Brentano nicht. Ich finde es überkandidelt und verkrampft und nach Witz heischend. (Dabei war ich fair und habe die dem Märchen vorausgeschickte seitenlange Widmung an die Großmutter übersprungen – was Brentano nicht goutiert hätte –, dieser Teil ist unerträglich und war es wahrscheinlich schon damals.) Das Märchen folgt der Geschichte *La preta delo Gallo* – *Der Hahnenstein* – aus dem *Pentameron* von Giambattista Basile. Verbessert hat es Brentano gewiss nicht.

Jacob Grimm: »(Brentano) mag das alles stellen und zieren, so wird unsere einfache, treu gesammelte Erzählung die seine jedesmal gewisslich beschämen.«

Halten wir dagegen den Anfang von *Hans im Glück* (KHM 83) von Jacob und Wilhelm Grimm:

Hans hatte sieben Jahre bei seinem Herrn gedient, da sprach er zu ihm: »Herr, meine Zeit ist herum, nun wollte ich gerne wieder heim zu meiner Mutter, gebt mir meinen Lohn.« Der Herr antwortete: »Du hast mir treu und ehrlich gedient, wie der Dienst war, so soll der Lohn sein«, und gab ihm ein Stück Gold, das so groß als Hansens Kopf war. Hans zog sein Tüchlein aus der Tasche, wickelte den Klumpen hinein, setzte ihn auf die Schulter und machte sich auf den Weg nach Haus. Wie er so dahin ging und immer ein Bein vor das andere setzte, kam ihm ein Reiter in die Augen, der frisch und fröhlich auf einem muntern Pferde vorbei trabte. »Ach«, sprach Hans ganz laut, »was ist das Reiten ein schönes Ding! Da sitzt einer wie auf einem Stuhl, stößt sich an keinen Stein, spart die Schuh und kommt fort, er weiß nicht wie.« Der Reiter, der das gehört hatte, hielt an und rief: »Ei Hans, warum läufst du auch zu Fuß?« »Ich muss ja wohl, da habe ich einen Klumpen heim zu tragen, es ist zwar Gold, aber ich kann den Kopf dabei nicht gerad halten: auch drückt mirs auf die Schulter.« »Weißt du was«, sagte der Reiter, »wir wollen tauschen, ich gebe dir mein Pferd, und du gibst mir deinen Klumpen.« »Von Herzen gern«, sprach Hans, »aber ich sage euch, ihr müsst euch damit schleppen.« Der Reiter stieg ab, nahm das Gold und half dem Hans hinauf, gab ihm die Zügel fest in die Hände und sprach: »Wenns nun recht geschwind soll gehen, so musst du mit der Zunge schnalzen und ›hopp hopp‹ rufen.«

Hans war seelenfroh, als er auf dem Pferde saß und so frank und frei dahin ritt. Über ein Weilchen fiels ihm ein, es sollte noch schneller gehen, und fing an mit der Zunge zu schnalzen und »hopp hopp« zu rufen. Das Pferd setzte sich in starken Trab, und ehe sichs Hans versah, war er abgeworfen, und lag in einem Graben, der die Äcker von der Landstraße trennte. Das Pferd wäre auch durchgegangen, wenn es nicht ein Bauer aufgehalten hätte, der des Weges kam und eine Kuh vor sich her trieb. Hans suchte seine Glieder zusammen und machte sich wieder auf die Beine. Er war aber verdrießlich und sprach zu dem Bauer: »Es ist ein schlechter Spaß, das Reiten, zumal wenn man auf so eine Mähre gerät wie diese, die stößt und einen herab wirft, dass man den Hals brechen kann, ich setze mich nun und nimmermehr wieder auf. Da lob ich mir eure Kuh, da kann einer mit Gemächlichkeit hinter her gehen und hat obendrein seine Milch, Butter und Käse jeden Tag gewiss. Was gäb ich darum, wenn ich so eine Kuh hätte!« »Nun«, sprach der Bauer, »geschieht euch so ein großer Gefallen, so will ich euch wohl die Kuh für das Pferd vertauschen.« Hans willigte mit tausend Freuden ein: der Bauer schwang sich aufs Pferd und ritt eilig davon.

35

Ich befand mich in einem Argumentationsnotstand, ja. Hätte ich vor meinem Vater meinen Widerwillen gegen das Wunderhorn-Duo frei abgelassen, er hätte das als Kapitulation vor seinem Standpunkt gedeutet. Hätte ich ihm aber auseinandergesetzt, dass ich die einen zwar missachte, den anderen aber Recht gebe und ihnen folgen möchte, dann hätte er Sektierertum vermutet, was für ihn ein sicheres Zeichen dafür gewesen wäre, dass die ganze Bewegung ein Irrtum war.

Mein Argumentationsnotstand hatte noch einen weiteren Grund: Im Unterschied zu meinem Vater war ich nämlich Marxist. Ich teilte in vielem nicht die Meinung von Georg Lukács, aber ich war wie er Marxist. Ich habe mich redlich bemüht, *Das Kapital* zu lesen, den ersten Band habe ich durchgeackert, den zweiten habe ich übersprungen, den dritten Band habe ich genossen, er ist geschmeidiger geschrieben, Friedrich Engels ist nach dem Tod von Karl Marx drübergegangen, und der war neben Heinrich Heine der brillanteste deutsche Prosaschreiber des mittleren und späten 19. Jahrhunderts. In der sogenannten Brecht-Lukács-Debatte stand ich eindeutig auf Seiten Brechts; Lukács' Festlegung der Literatur auf einen Realismus, den ich als eng empfand und der sich bis in ewige Zeiten an Balzac, Tolstoi und Thomas Mann orientieren, zugleich aber in den Dienst der »richtigen« politischen Ideologie stellen sollte – was »Sozialistischer Realismus« genannt wurde –, lehnte ich natürlich ab und, wie es sich für einen aufgeschlossenen Linken gehörte, mit dem Verweis auf den *Ulysses* von Joyce und *Der Meister und Margarita* von Bulgakow, letzterer lag seit kurzem in der ersten deutschen Übersetzung vor. Aber sowohl Joyce als auch Bulgakow waren Rationalisten, genauso wie Bertolt Brecht; sie fassten den Begriff des Realismus in der Kunst und in der Literatur zwar viel weiter als Lukács, dem Märchen aber konnten sie auch nur so viel abgewinnen, wie sich brauchen ließ, um zu erreichen, was mit plattem Realismus eben nicht mehr erreicht werden konnte – wenn im *Ulysses* die Straßenlaternen zu Leopold Bloom sprechen, dann hat das märchenhafte Züge, oder wenn in *Der Meister und Margarita* drei Teufel auftreten oder wenn in Brechts *Die Rundköpfe und die Spitzköpfe* die Menschen in dem Fantasiestaat Jahoo nach eben diesen Kriterien eingeteilt werden anstatt nach arm und reich.

Dass Märchen für sich, nämlich ohne dass sie in den Dienst irgendeines Zwecks gestellt werden, Wert besitzen, dass sie ein ästhetisches Ganzes sind, das keiner Aufpäppelung bedarf, um seine Existenz zu rechtfertigen, dieser Auffassung hätten sie allesamt widersprochen – Arnim, Brentano, Lukács, aber auch Brecht, Joyce, Bulgakow und noch so viele andere.

Anders dachten die Brüder Grimm. Mit ihnen waren Wilhelm Hauff, Hans Christian Andersen. – Und ich.

Dennoch, eine Zeitlang während meines Studiums habe ich mich als einen Marxisten bezeichnet und habe so getan, als ob am Sozialistischen Realismus etwas dran sein könnte, wenn er nur etwas großzügiger gefasst werde, etwas jugendlicher. Ich habe laut und öffentlich und mit denselben Worten, die ich hier meinem Vater in den Mund imaginiert habe, knallharten Rationalismus gepredigt und heimlich Märchen geliebt – und habe sie umso mehr geliebt, als ich sie laut und öffentlich verraten habe, sie denunziert habe als Bewahrer einer repressiven Ordnung, als frauenfeindlich, vernunftfeindlich, fortschrittsfeindlich, entsprechend den Vorwürfen, die Lukács gegen die deutsche Philosophie seit Hegel vorbrachte.

Heimlich habe ich die Märchen der Brüder Grimm gelesen und bin, so allein, wie ich mit ihnen war, nicht einmal auf die Idee gekommen, sie zu deuten. Wenn ich mit ihnen war, habe ich mich frei gehalten von allem Rationalen. Als wären sie Blitz und Donner, als wären sie Blumen, und ich wär ein Kind und würde in dem Nest sitzen, das Richard und ich uns gebaut hatten, nur dass ich nun der Zuhörer war und Wilhelm Grimm der Erzähler. Als wären Märchen einfach nur schön. Als würde es genügen, einfach nur schön zu sein. Genügt es denn nicht, schön zu sein? Warum nicht? Was will einer, der sagt, Schönheit allein genügt nicht? Was will er mehr? Gab es eine Zeit, in der es genügte, wenn etwas nur schön war? Hat Schönheit überhaupt noch einen Sinn, wenn sie allein nicht genügt? Kann man, wenn Schönheit für sich nicht mehr genügt, nicht gleich ganz auf sie verzichten?

Ich habe auch Märchen geschrieben, schon damals. Ebenfalls heimlich. Sogar heimlich vor mir selbst. Ich meine damit, ich habe vor mir keine Rechenschaft abgelegt. Ich habe geschrieben, ohne zu denken. Ich habe mich in Marburg ins Café Vetter gesetzt und habe den Bleistift laufen lassen. Ich habe *es* schreiben lassen. *Es*. Ich hatte irgendwo gelesen, dass Luis Buñuel und Salvador Dalí, als sie am Drehbuch zu *Ein andalusischer Hund* arbeiteten, zuvor eine Abmachung getroffen hatten, nämlich, sobald ein Bild, ein Dialog, ein Handlungsfetzen auftauchte, an dem sich etwas deuten und interpretieren ließ – sofort fallen lassen, weg damit! Das gefiel mir. So, dachte ich, und nur so können Märchen heute noch geschrieben werden. Hähnchen und Hühnchen spannen von selber den Wagen an, sie brauchen mich nicht, ich schau zu und schreib mit ...

36

Ich habe mich seit meiner Kindheit mit Märchen beschäftigt, und ich meine damit nicht nur, dass ich gern Märchen gehört oder gelesen habe, ich habe mir Gedanken über sie gemacht.

Richard erinnert sich heute nicht mehr, dass ich gemeinsam mit ihm Theorie betrieben habe, dass ich mit ihm erzähltechnische Details besprochen habe. Ich habe die Struktur der Märchen durchaus studiert, ihr Personal, ihre dramatischen Bögen, ich habe mich gehütet vor allzu genauer Beschreibung der Dinge, die in den Geschichten vorkamen, ich habe herausgefunden, dass die Wirkung stärker ist, wenn nur die Hauptperson einen Namen hat, ich habe darauf geachtet, dass nicht zu viele Personen in einer Geschichte auftreten – später las ich bei Vladimir Propp, dass in den meisten Märchen nicht mehr als sieben Personen handeln.

Er könne sich nur daran erinnern, dass ich erzählt habe, sagte Richard bei einem unserer Zaungespräche. »Ich kann mir nicht vorstellen, dass du mir verraten hättest, wie du es machst. Ich kann mir auch nicht vorstellen, dass ich mich dafür interessiert hätte.«

»Du hast zu mir gesagt, du willst einmal Märchenerzähler werden«, sagte ich.

»Niemals!«, rief er aus. »Ich wollte Detektiv werden oder Pilot!«

»Da muss ich dich leider korrigieren«, sagte ich. »Ich erinnere mich sehr genau. Ich habe dir nämlich geantwortet, das sei ein Blödsinn, kein Mensch wird heute noch Märchenerzähler. Ich wollte Detektiv oder Pilot werden, ich, nicht du. Du wolltest Märchenerzähler werden, und ich habe gesagt, das ist ein Blödsinn.«

»Und was habe ich darauf gesagt?«

»Du hast geweint.«

»Das ist typisch für dich, dass du so etwas erfindest«, sagte er und war nun sehr ernst geworden. »Gib zu, dass es gelogen ist!«

»Es ist nicht gelogen«, sagte ich. »Du wolltest Märchenerzähler werden. Und du hast zu mir gesagt, ich soll es dir beibringen. Du hast mich gefragt, wie es geht.«

»He, ich mag das nicht!«, sagte er.

»He, das ist fast sechzig Jahre her!«, sagte ich. »Es ist niemand hier, vor dem du dich genieren müsstest.«

Aber Richard hat sich geniert. Was denkt er über mich, dachte ich, ich bin ein Märchenerzähler geworden, jedenfalls so eine Art. Und ich wollte nie etwas anderes werden. Natürlich wollte ich nicht Pilot werden oder Detektiv!

Meine ersten dichterischen Versuche waren Adaptionen von Märchen. Ich schrieb mit achtzehn ein Theaterstück, das hieß *Hänsel und Gretel*, und es war eine Überführung des Märchens in die Geisteswelt und das Ambiente von Samuel Beckett; meine Protagonisten unterhielten sich, wie sich Vladimir und Estragon in *Warten auf Godot* unterhalten. Es hat gepasst. Unheimlich gut. Unheimlich.

37

Erst als ich schon dreißig war und meinen ersten Roman geschrieben hatte, las ich das Märchen vom Herrn Korbes. Ich hatte es vorher tatsächlich nur aus den Erzählungen meiner Großmutter gekannt. Diesem Märchen gegenüber war ich gehemmt. Ich hatte es nicht lesen wollen. Ich hatte es immer überblättert. Ich war ihm aus dem Weg gegangen. Als Erstes fiel mir auf: Meine Großmutter hatte das fröhliche Liedchen weggelassen, das Hühnchen und Hähnchen singen, während sie die Katze, den Mühlstein, das Ei, die Ente, die Stecknadel und die Nähnadel einsammeln:

Nehmt euch wohl in Acht,
dass ihr meine roten Rädchen nicht schmutzig macht.
Ihr Rädchen, schweift,
ihr Mäuschen pfeift,
als hinaus
nach des Herrn Korbes seinem Haus.

Und dann der letzte Satz – er lautete: *Der Herr Korbes muss ein recht böser Mann gewesen sein.*

Als ich das las, war ich erleichtert. Dieser Satz war nicht aus der Richtung der Tiere und der Dinge zu mir gesprochen. So einen Satz hätten weder Hühnchen und Hähnchen, noch die Katze, die Ente, die Stecknadel, die Nähnadel, noch das Ei oder der Mühlstein oder das Handtuch sagen können. Diesen Satz hat einer von uns gesagt, einer, der mit dem Herrn Korbes Mitleid hatte, auch wenn er ihm die Schuld für seinen Tod gab. Nun war wieder alles in Ordnung.

Alles war wieder in der Ordnung.

Das hieß: Es gab nicht zwei Welten, eine, in der Kausalität herrschte, und eine, in der es Kausalität nicht gab. Wenn dieser Herr Korbes ein böser Mann gewesen ist – ja dann, dann war seine Ermordung die Strafe für seine bösen Taten. Die konnte man sich dazu denken, für böse Taten reicht die Fantasie allemal aus. Man durfte darüber diskutieren, ob die Strafe angemessen war oder nicht, ob die Todesstrafe überhaupt verhängt werden sollte oder durfte, ein Seminar konnte sich an den Text anschließen, in dem sicher auch über das damals gerade auf Deutsch erschienene Werk *Überwachen und Strafen* des französischen Philosophen Michel Foucault diskutiert würde, das ich, wenn ich in die Mensa ging, in der Hand von manchen Studenten und Studentinnen sah, und es waren die lässigen; über Moral im Allgemeinen durfte man ausholen und ihre Entstehung im Monotheismus diskutieren, Freuds letzte Aufsätze über den Mann Moses erlebten gerade eine Renaissance ... O selige Zeit des Buches! Und gleich schon wäre auch die Debatte darüber eröffnet, ob die Tiere und die Dinge in diesem Märchen nicht vielleicht doch eigentlich für etwas anderes standen als für sich selbst, ob sie nicht doch eher Metaphern waren, vielleicht sogar satirische Verkleidungen realer Zustände und historischer Figuren, äsopsche Kreaturen mit pädagogischem Auftrag. Dass diese Geschichte also verbunden war mit unserem Leben, wie wir es kannten, mit unseren Einsichten, unseren Begriffen, mit unserem Begreifbaren. Dann wäre es auch zielführend, den historischen Hintergrund der Geschichte auszuforschen. Und wetten, niemand würde sich wundern, wenn sich herausstellte, dass es sich tatsächlich um eine politische Satire handelte, die in finsterer Tyrannenzeit in ein Märchen gekleidet worden war, um der Zensur und Schlimmerem zu entgehen – vergleichbar den märchenhaften Figuren und Geschehnissen in Jonathan Swifts Roman *Gullivers Reisen*, in dem ja auch sprechende Tiere vorkommen, die unaussprechlichen *Houyhnhnms*, Pferde, die uns Menschen *Yahoos* nennen, die sie wie Tiere halten. Meine marxistischen Freunde hätten genickt und »Na, was denn sonst!« gemurmelt. Der Herr Korbes wäre eine Geschichte für konkrete, gesunde Menschen und nicht für irrlichternde Kindgebliebene ...

Conclusio dieser Deutung: Märchen sind Gleichnisse. Mithilfe eines Märchens soll etwas ausgesagt werden, etwas verdeutlicht werden. Hübsche, raffinierte Illustrationen von Wahrheiten und Weisheiten – das sind Märchen, im besten Fall.

Wieder etwas später erfuhr ich, dass in den meisten Ausgaben der Sammlung dieser letzte Satz allerdings fehlte. Wilhelm Grimm sei, so las ich, von der Geschichte beunruhigt gewesen und habe sich selbst und den Lesern die Unruhe mit diesem einen Satz nehmen wollen. *Der Herr Korbes muss ein recht böser Mann gewesen sein.* Dass dieser Satz also, der auch mich beruhigt hatte, reine Willkür war. Später hinten angeklebt.

Abgesehen davon, dass der Wilhelm damit sein Genie bewiesen hat – immerhin lautete die Aufgabe: Dreh mit einem einzigen, unscheinbaren Sätzchen eine Welt aus der Finsternis der Grundlosigkeit in das Licht der Kausalität! –, abgesehen davon, hat er einen Verrat begangen: Er hat dieses kleine Märchen der Behaglichkeit des Tages geopfert.

38

Der Mythos antwortet. Das Märchen stellt nicht einmal eine Frage. Es steht stumm wie eine Statue und ist, was es ist, und was es ist, meinen wir, über Deutungen zu erfahren, und verwechseln oft die Deutung mit dem Gegenstand, wo die Deutung doch mehr über den Deutenden und seine Lebensumstände erzählt als über das Märchen. Wir sind es, die fragen, wenn wir auf das Märchen blicken, und wir sind es, die antworten.

Die Mythen *erklärten* Naturphänomene, wie sie heute von der Naturwissenschaft *erklärt* werden – weswegen die Fortsetzung der alten Mythen nicht die blöden, aus mythologischen und märchenhaften Motiven zusammengeflickten Fantasy-Stories aus Trivial-Hollywood sind, sondern Physik, Chemie, Astronomie, Biologie. Der Mythos fragt und beantwortet: Wie ist die Welt entstanden? Woher kommen Tag und Nacht? Was ist ein Blitz? Was sind die Sterne? Warum gibt es gute Menschen und böse Menschen? Warum glauben die Menschen dem einen alles und dem anderen nichts?

Das Märchen fragt nicht, es beantwortet nicht. Es erklärt nichts. Es ist. Wir sind verführt, es mit einem Naturphänomen zu vergleichen. Mit einer Blume – seiner Schönheit wegen. Mit dem Wolf – seiner gleichgültigen Grausamkeit wegen. Mit den Sternen. Die Blume fragt oder antwortet ebenso wenig wie das Wolfsgebiss oder der Sternenglanz. Und jeder, der sich auch nur ein wenig mit Märchen beschäftigt hat, weiß, dass jede Deutung, und sei es die raffinierteste und gescheiteste, gegen das Märchen grau wirkt wie alle Theorie. Deutung ist Abstrahierung. Abstrahiert aber wird das Wesentliche.

Über das Wesen der Märchen schreibt Wilhelm Grimm:

Jede wahre Poesie ist der mannigfaltigsten Auslegung fähig, denn da sie aus dem Leben aufgestiegen ist, kehrt sie auch immer wieder zu ihm zurück; sie trifft uns wie das Sonnenlicht, wo wir auch stehen; darin ist es gegründet, wenn sich so leicht aus diesen Märchen eine gute Lehre, eine Anwendung für die Gegenwart ergibt; es war weder ihr Zweck, noch sind sie, wenige ausgenommen, deshalb entstanden, aber es erwächst daraus, wie eine gute Frucht aus einer gesunden Blüte, ohne Zutun der Menschen.

Der Indogermanist und Mythenforscher Adalbert Kuhn, der zur gleichen Zeit in Berlin lebte wie die Brüder Grimm, sah in der *Polysemie*, in der Mehrdeutigkeit von Wörtern, einen Schlüssel zur Erklärung von Mythen und Märchen. Ich interpretiere dies so, dass im Akt des Erzählens dem Unaussprechlichen, dem Numinosen, dem eigentlich nur mit stummem Staunen begegnet werden kann, schließlich doch ein Name gegeben wird, ein Wort; dass dieses Wort aber niemals eindeutig sein kann, denn Wörter kommen per definitionem aus der Welt des Rationalen, weswegen jedes Wort im Märchen zugleich eine Metapher ist. Das Märchen ist in der Erzählung *mehrdeutig*, wo es im wortlosen Staunen nicht zu *deuten* war. Wir alle wissen, dass schon die pure, deutungsfreie Nacherzählung eines Traums den Traum, und was wir, während wir träumten, empfunden haben, niemals trifft; schon die Nacherzählung ist eine Abstrahierung; und oft genug ist es uns passiert, dass wir das »Wesentliche« des Traums im Erzählen verloren haben – nicht, weil wir schlecht erzählten, sondern *weil* wir erzählten. Weder der Traum noch das Märchen sind rationalisierbar.

Die Mythen wollen eine rationale Ordnung schaffen, sie streben nach Eindeutigkeit, nach Klärung, sie arbeiten heraus, was Frage ist und was Antwort. Im Unterschied zu Jacob und Wilhelm Grimm sah Adal-

bert Kuhn in den Märchen Phänomene, die ein wort-
loses Staunen in Wortbilder übersetzten, ehe der
Mythos diese Worte zu Erklärungen umformte, Erklärungen freilich noch im Gewand von Geschichten –
die später zugunsten von Begriffen abgelegt wurden,
also dem nackten farblosen Logos wichen.

39

Ich habe ja mit Richard darüber gesprochen, dass ich an einem Aufsatz über Märchen arbeite. Gestern ging ich an seinem Haus vorbei, da winkte er mir durchs Fenster zu, in der Hand hielt er ein Buch; er kam aus dem Haus, gelaufen kam er.

»Jetzt habe ich mir endlich eine gekauft«, sagte er, »eine Ausgabe der Märchen der Brüder Grimm. Und ich habe etwas Interessantes gefunden.«

Er hatte einen Finger in das Buch gesteckt, nämlich dorthin, wo KHM 80 beginnt, *Von dem Tode des Hühnchens*.

»Alle sind sie draufgegangen«, sagte Richard, »alle, genau, wie du gesagt hast. Aber wie die Geschichte geendet hat, das hast du mir nicht erzählt.«

Ich wusste nicht, was er meinte.

»Kennst du diese Geschichte hier nicht?«, fragte er und deutete mit dem Zeigefinger auf den Titel. »Das ist die Fortsetzung, verstehst du, die Fortsetzung, mein Lieber!«

Tatsächlich wusste ich nicht, was in dieser Geschichte erzählt wird; vielleicht habe ich sie nicht gelesen oder doch gelesen und vergessen.

»Was steht denn hier?«, fragte ich.

»Du weißt es ganz genau!«, rief er. »Du willst nur, dass ich sie dir erzähle. Aber ich bin kein Märchenerzähler. Ich hätte nur gern gewusst, wie du dir das da erklärst.«

»Ich weiß wirklich nicht, wovon du sprichst«, sagte ich. »Wenn du willst, dass wir drüber reden, musst du mir die Geschichte erzählen. Oder ich komm morgen zu dir und lese sie heute Abend noch.«

»Ich will gleich darüber sprechen«, sagte er. »Ich habe nicht ewig Zeit für Märchen.«

Wir setzten uns hinter seinem Haus auf die Bank, und Richard schlug das Buch auf.

»Ich lese es dir vor«, sagte er.

»Warum erzählst du es nicht?«, sagte ich.

»Das kann ich nicht«, sagte er. »Es gibt solche und solche. Ich bin halt eher der Zuhörer- und Vorlesertyp.«

Also las er vor:

Auf eine Zeit ging das Hühnchen mit dem Hähnchen in den Nussberg, und sie machten miteinander aus, wer einen Nusskern fände, sollte ihn mit dem andern teilen. Nun fand das Hühnchen eine große, große Nuss, sagte

aber nichts davon und wollte den Kern allein essen.
Der Kern war aber so dick, dass es ihn nicht hinunter-
schlucken konnte und er im Hals stecken blieb, dass ihm
angst wurde, es müsste ersticken.

Da schrie das Hühnchen: »Hähnchen, ich bitte dich,
lauf, was du kannst, und hol mir Wasser, sonst er-
sticke ich.« Das Hähnchen lief, was es konnte, zum Brunnen und sprach: »Born, du sollst mir Wasser geben; das
Hühnchen liegt auf dem Nussberg, hat einen großen
Nusskern geschluckt und will ersticken.« Der Brunnen
antwortete: »Lauf erst hin zur Braut und lass dir rote
Seide geben.«

Das Hähnchen lief zur Braut: »Braut, du sollst mir
rote Seide geben. Rote Seide will ich dem Brunnen geben,
der Brunnen soll mir Wasser geben, das Wasser will ich
dem Hühnchen bringen, das liegt auf dem Nussberg,
hat einen großen Nusskern geschluckt und will daran
ersticken.« Die Braut antwortete: »Lauf erst und hol mir
mein Kränzlein, das blieb an einer Weide hängen.«

Da lief das Hähnchen zur Weide und zog das Kränzlein von dem Ast und brachte es der Braut, und die
Braut gab ihm rote Seide dafür, die brachte es dem
Brunnen, der gab ihm Wasser dafür. Da brachte das
Hähnchen das Wasser zum Hühnchen, wie es aber hin-
kam, war dieweil das Hühnchen erstickt, und lag da tot
und regte sich nicht.

Da ward das Hähnchen so traurig, dass es laut schrie, und kamen alle Tiere und beklagten das Hühnchen; und sechs Mäuse bauten einen kleinen Wagen, das Hühnchen darin zum Grabe zu fahren; und als der Wagen fertig war, spannten sie sich davor, und das Hähnchen fuhr.

Auf dem Wege aber kam der Fuchs: »Wo willst du hin, Hähnchen?« »Ich will mein Hühnchen begraben.« »Darf ich mitfahren?« »Ja, aber setz dich hinten auf den Wagen, vorn können es meine Pferdchen nicht vertragen.« Da setzte sich der Fuchs hinten auf, dann der Wolf, der Bär, der Hirsch, der Löwe und alle Tiere in dem Wald.

So ging die Fahrt fort, da kamen sie an einen Bach. »Wie sollen wir nun hinüber?«, sagte das Hähnchen. Da lag ein Strohhalm am Bach, der sagte: »Ich will mich quer darüber legen, so könnt ihr über mich fahren.« Wie aber die sechs Mäuse auf die Brücke kamen, rutschte der Strohhalm aus und fiel ins Wasser, und die sechs Mäuse fielen alle hinein und ertranken.

Da ging die Not von neuem an, und kam eine Kohle und sagte: »Ich bin groß genug, ich will mich darüber legen, und ihr sollt über mich fahren.« Die Kohle legte sich auch an das Wasser, aber sie berührte es unglücklicherweise ein wenig, da zischte sie, verlöschte und war tot.

Wie das ein Stein sah, erbarmte er sich und wollte dem Hähnchen helfen, und legte sich über das Wasser. Da zog nun das Hähnchen den Wagen selber, wie es ihn aber bald drüben hatte, und war mit dem toten Hühnchen auf dem Land und wollte die andern, die hinten auf saßen, auch heranziehen, da waren ihrer zu viel geworden, und der Wagen fiel zurück, und alles fiel miteinander in das Wasser und ertrank.

Da war das Hähnchen nun allein mit dem toten Hühnchen, und grub ihm ein Grab und legte es hinein, und machte einen Hügel darüber, auf den setzte es sich und grämte sich so lang, bis es auch starb; und da war alles tot.

Der Autor

Michael Köhlmeier, geboren 1949 in Hard am Bodensee, ist als Erzähler klassischer Märchen, antiker und heimischer Sagenstoffe und biblischer Geschichten im gesamten deutschsprachigen Raum bekannt. Er lebt als freier Schriftsteller in Hohenems/Vorarlberg und Wien und hat zahlreiche Bücher veröffentlicht. Sein Werk wurde vielfach ausgezeichnet, u. a. mit dem Rauriser Literaturpreis (1983), dem Manès-Sperber-Preis (1995), dem Anton-Wildgans-Preis (1996), dem Österreichischen Ehrenkreuz für Wissenschaft und Kunst I. Klasse (2016), dem Marie-Luise-Kaschitz-Preis (2017) und dem Literaturpreis der Konrad-Adenauer-Stiftung (2017). Zuletzt erschienen von Michael Köhlmeier u. a. die Romane »Die Abenteuer des Joel Spazierer« (2013) und »Zwei Herren am Strand« (2014). Bei Haymon u. a.: »Sunrise«. Erzählung (1994, HAYMONtb 2010), »Drei Depeschen gegen den Krieg« (2014), »Das Lied von den Riesen«. Mit Zeichnungen von Lorenz Helfer (2015), »Der Unfisch« (HAYMONtb 2016) sowie »Der Mensch ist verschieden« (2017), eine kleine Sammlung an Charakterporträts, die Michael Köhlmeier gemeinsam mit seiner Frau Monika Helfer verfasst hat.